PETITS CLASSIQUES

LAROUSSE

Collection fondée par Félix Guirand, Agrégé des Lettres

Histoires ou Contes du temps passé

PERRAULT

contes

Édition présentée,
annotée et commentée
par
Frédéric de SCITIVAUX
Ancien élève de l'E.N.S.
de Fontenay-Saint-Cloud
Agrégé de Lettres modernes

www.petitsclassiqueslarousse.com

Avant d'aborder le texte

Contes
PERRAULT

© Larousse 2009 pour la présente édition
© Larousse Paris, 1999 – ISBN 978-2-03-584630-3

Comment lire l'œuvre

Avant d'aborder le texte

Histoires ou Contes du temps passé

Genre : conte merveilleux.

Auteur : Charles Perrault.

Structure : recueil de huit contes en prose, accompagnés chacun d'une ou deux moralités.

Sujet : Issus pour la plupart du folklore national, les *Contes* de Perrault sont la première tentative réussie de restituer par l'écrit la tonalité naïve et populaire du conte oral.

Pour autant, *La Belle au bois dormant*, *Le Petit Chaperon rouge*, *La Barbe bleue*, *Le Chat botté*, *Les Fées*, *Cendrillon*, *Riquet à la Houppe* et *Le Petit Poucet* ne sont pas exempts d'un humour savoureux, marquant la distance amusée de l'auteur par rapport à ces « contes de bonne femme ».

Cet équilibre quasi-miraculeux entre le style savant et la tradition populaire explique sans doute la place unique des *Contes* dans notre culture et la trace profonde qu'ils y ont laissée.

Genèse de l'œuvre : Les circonstances de l'élaboration des *Contes* demeure mystérieuse. Il s'agit sans doute d'une collaboration entre Perrault et son fils, Pierre D'Armencour, sans qu'on puisse déterminer avec précision la part de l'un et de l'autre.

Place des Contes dans l'œuvre de Perrault : Chef de file des Modernes dans la querelle des Anciens et des Modernes, Perrault est l'auteur de plusieurs essais historiques qui eurent un grand retentissement à leur parution. Les *Contes* ne représentent qu'une part réduite dans l'œuvre de leur auteur. Par un de ces paradoxes qui émaillent l'histoire littéraire, c'est pourtant aux *Contes* que Perrault doit sa célébrité auprès de la postérité.

Illustration de Gustave Doré pour Le Petit Chaperon Rouge, *1864.*
Bibliothèque nationale de France, Paris.

CHARLES
PERRAULT
(1628-1703)

Il n'est pas toujours aussi facile de connaître la vie d'un auteur du XVIIe siècle que celle d'un auteur plus récent, du XIXe ou du XXe siècle. Aujourd'hui célèbre grâce à ses contes, Perrault, même s'il fut un personnage assez important sous le règne de Louis XIV, n'avait pas la notoriété d'un auteur comme Corneille ou Racine. Les *Contes* ont eu certes un succès très important, mais Perrault les a écrits à la fin de sa vie alors qu'il avait déjà plus de soixante-cinq ans. En 1700, il composa des *Mémoires* pour laisser à ses fils une trace de ce qu'il avait accompli. Mais on n'est pas toujours objectif lorsqu'on parle de soi-même. Certains événements de la vie de Perrault et de sa famille restent aujourd'hui encore un peu mystérieux, en particulier la publication des *Contes* eux-mêmes.

D'après les *Mémoires* de Perrault, on sait que la famille Perrault serait originaire de Touraine, d'un milieu bourgeois de marchands. Pierre Perrault, le père de Charles, devint avocat au Parlement de Paris, et se maria en 1608 à Paquette Leclerc, qui devait lui donner sept enfants dont deux moururent précocement. Voici une chronologie des principaux événements de la vie du « clan Perrault », car la vie de Charles Perrault fut très liée à celle de plusieurs de ses frères, dont il resta toujours très proche.

1610

Naissance de Jean, fils aîné des Perrault, qui deviendra avocat comme son père.

1611

Naissance de Pierre, deuxième fils des Perrault.

1613

Naissance de Claude Perrault.

1624

Naissance de Nicolas Perrault.

1628

Naissance de deux jumeaux, François et Charles Perrault, le 12 janvier. François meurt au bout de six mois.

1636

Charles Perrault entre au collège de Beauvais, à Paris.

1641

Claude Perrault est reçu docteur de la faculté de Médecine de Paris. Il exercera le métier de médecin pendant vingt-cinq ans.

1644

Après ses études secondaires, Charles Perrault suit les cours de la faculté de Droit à Paris.

Dès le milieu des années 1640, il se met à écrire. La mode est alors à ce qu'on appelle la littérature burlesque. Le burlesque consiste à choisir des sujets sérieux et à les traiter sur un mode parodique. Ainsi, de nombreux auteurs sérieux, comme Furetière, auteur d'un célèbre dictionnaire, écrivent des versions burlesques des grandes œuvres de l'Antiquité, comme l'*Énéide* de Virgile (70-19 av. J.-C.), racontant les origines mythiques de Rome, ou comme l'*Iliade* et l'*Odyssée* d'Homère (IXe siècle av. J.-C.).

La plupart des auteurs, qui se retrouvent dans les salons, s'amusent à écrire des textes moqueurs, où ils font preuve de spiritualité et d'humour, n'hésitant souvent pas à utiliser des expressions populaires, des jeux de mots, des contrepèteries, voire des plaisanteries grasses et scatologiques. L'entreprise vise à démystifier la culture savante.

Aidé par un ami, ensuite par ses frères Nicolas et Claude, Perrault écrit l'*Énéide burlesque* vers 1646. Cette œuvre commune de quatre jeunes gens qui veulent s'amuser par l'écriture révèle aussi l'attachement de Perrault à son clan familial.

1648
Nicolas Perrault est reçu docteur en théologie à la Sorbonne.

1651
Charles Perrault devient avocat, mais il ne plaide que deux fois et abandonne rapidement cette profession qui ne l'intéresse guère.

1654
Pierre Perrault achète la charge de receveur général des Finances de Paris et prend son jeune frère comme commis. Cette charge occupe peu Charles Perrault, qui passe la plupart de son temps à classer les livres de la bibliothèque de son frère.

À cette époque, Perrault fréquente la société mondaine de la capitale. C'est la vogue de la préciosité : la société cultivée de l'époque se réunit régulièrement dans des salons, où l'on parle de littérature et d'idées, où l'on compose des textes et où on les lit à haute voix. Ces textes ont souvent la forme de jeux littéraires, comme l'énigme, la devinette, le portrait, le dialogue, la maxime, etc. Perrault compose plusieurs textes à la manière des précieux, comme le *Portrait d'Iris* (1654), *Le Miroir ou la Métamorphose d'Oronte*, ou encore le *Dialogue de l'Amour et de l'Amitié* (1660) : à travers ce dialogue allégorique, Perrault se demande si on peut concilier l'amour et l'amitié.

On trouve dans les *Contes* un style souriant, des considérations générales et plus ou moins humoristiques sur l'amour, les femmes, le rapport entre les deux sexes, le mariage (en particulier dans les moralités). Tout cela provient de l'esprit précieux et aussi de la mode du burlesque.

1656
Pierre Perrault se marie. Nicolas Perrault, le théologien, est exclu de la Sorbonne pour ses prises de positions religieuses, contraires au parti du roi.

1657
Mort de Paquette Leclerc, mère de Charles Perrault.

1660

Charles Perrault publie deux poèmes de circonstances, l'*Ode sur la paix des Pyrénées* et l'*Ode sur le mariage du Roi*, qui lui valent d'être remarqué par l'entourage du roi.

1661

Perrault entre au service de Colbert (1619-1683), surintendant des Finances de Louis XIV.

1662

Mort de Nicolas Perrault, le théologien.

1663

Colbert forme la Petite Académie, qui deviendra l'Académie des inscriptions et belles-lettres. Il nomme Charles Perrault secrétaire de cette institution.

1664

Pierre Perrault, le frère de Charles, se voit acculé à la banqueroute, car il s'est lourdement endetté pour acquérir sa charge, dix ans plus tôt. Pour s'en sortir, il recourt à des manœuvres frauduleuses. Colbert le contraint à vendre sa charge au tiers de sa valeur. Pierre est ruiné. Il consacrera le reste de sa vie aux sciences et aux arts, et produira quelques œuvres littéraires, comme son frère Charles.

Colbert va utiliser Perrault pour d'autres tâches : études hydrographiques, organisation de la musique ou de fêtes, Académie, et surtout organisation de l'image publique du roi : devises pour les monuments, contrôle des dédicaces et des Préfaces adressées par les auteurs au roi, etc. Pour utiliser une expression moderne, Perrault est chargé, par Colbert et sous sa responsabilité, des relations publiques et de la communication du roi.

1666

Claude Perrault est nommé à l'Académie des sciences par Colbert, sur proposition de Charles. Pendant vingt ans, il se consacrera à l'étude de l'histoire naturelle des animaux.

1667

Par l'intermédiaire de Charles, Claude Perrault est nommé par Colbert au conseil chargé des travaux destinés à l'achèvement du

Louvre. Tout en continuant à mener ses travaux sur la physiologie des animaux, Claude, avec l'architecte Louis Le Vau et le peintre Le Brun, remet au roi le projet à partir duquel sera construite la colonnade de la face est du Louvre.

1668

Perrault est nommé Premier commis des Bâtiments par Colbert.

1669

Mort de Jean Perrault, l'aîné du clan.

1671

Charles Perrault est nommé à l'Académie française. C'est une véritable consécration de sa carrière publique.

1672

Perrault épouse Marie Guichon, une jeune fille de dix-neuf ans (il en a quarante-quatre). Elle lui donnera quatre enfants. Achèvement de la construction de l'observatoire de Paris, dont la conception est due à Claude Perrault.

1673

Claude Perrault publie une traduction du célèbre *Traité d'architecture* écrit par l'architecte romain Vitruve sous l'Antiquité. Cette même année, naissance probable d'une fille, premier enfant de Charles Perrault et de Marie Guichon.

1675

25 mai : naissance de Charles Samuel Perrault, le premier fils de Charles Perrault et de Marie Guichon.

1676

28 octobre : naissance de Charles, leur deuxième fils.

1677

28 octobre : naissance de Pierre, leur troisième fils, qui jouera un rôle important dans la conception des *Contes*.

1678

Mort de Marie Guichon. Charles Perrault se retrouve seul pour élever ses quatre enfants.

1680

Mort de Pierre Perrault, le frère de Charles.

1683

Mort de Colbert, qui est remplacé par Louvois. Perrault est écarté des fonctions qui lui étaient confiées jusqu'alors. Sa charge lui est rachetée au tiers de sa valeur. Il est éliminé de la Petite Académie par Louvois. Bref, tous les adversaires de Colbert reportent sur lui leur antipathie pour le ministre décédé. Perrault va désormais se consacrer à la littérature et à l'éducation de ses enfants.

1687

Charles Perrault écrit *Le Siècle de Louis le Grand*, qui marque le départ de la principale querelle artistique et littéraire du XVIIᵉ siècle, celle des Anciens et des Modernes. Les deux adversaires principaux de cette querelle sont Perrault, qui défend l'idée de la modernité en art, et Boileau, qui défend l'imitation des thèmes et du style des Anciens, c'est-à-dire des auteurs et des artistes de l'Antiquité grecque et latine.

1688

Mort de Claude Perrault.

1688-1697

Parallèle des Anciens et les Modernes : dans cette série de cinq dialogues, Perrault examine les réalisations de son époque dans tous les domaines, sciences, techniques, arts, littérature, et cherche à démontrer, en se fondant sur l'idée de progrès, la supériorité du siècle de Louis XIV sur l'Antiquité.

1697

Publication des *Contes ou Histoires du temps passé*, attribués à l'époque à Pierre Perrault d'Armancour, le troisième fils de Charles Perrault. Le recueil obtient très vite un succès extraordinaire, qui ne s'est jamais démenti.

1700

Mort au combat de Pierre Perrault d'Armancour. À partir de 1700 environ, Perrault rédige ses *Mémoires*, qui ne seront publiés que longtemps après sa mort.

1703

Mort de Charles Perrault, le 16 mai.

Le siècle de Louis XIV

Le XVIIe siècle marque en France un relatif retour au calme par rapport à la seconde partie du XVIe siècle où le pays était déchiré par de terribles guerres de Religion opposant les catholiques et les protestants jusqu'au sein de la famille royale. L'avènement d'Henri IV, issu du camp des protestants, mais qui se convertit au catholicisme, est la première étape du retour vers la paix. En 1598, l'édit de Nantes fixe les bases d'une cohabitation entre catholiques et protestants, sur le principe d'une tolérance mutuelle. En 1610, cependant, un fanatique catholique, Ravaillac, assassine le roi Henri IV. Louis XIII succède à Henri IV et s'appuie sur le cardinal de Richelieu pour gouverner.

La politique menée par Richelieu vise à renforcer le pouvoir royal, face à une aristocratie puissante et indisciplinée, et à le centraliser. En 1653, les mouvements de révolte des magistrats du Parlement de Paris, soutenus par les grandes familles de la noblesse – on appelle cette révolte la Fronde –, sont définitivement vaincus. La seconde partie du siècle, dominée par le très long règne de Louis XIV (1643-1715), est essentiellement consacrée à renforcer l'organisation de l'administration du pays, dominée, pendant la première partie du règne de Louis XIV (1661-1685), par le puissant ministre Colbert.

La France est alors le pays le plus peuplé d'Europe et le plus puissant. La grandeur du pays passe, selon Louis XIV, par une politique de conquêtes territoriales. Entre 1688 et 1714, la France est presque continûment en guerre, contre une coalition de la plupart des pays d'Europe (guerre de la ligue d'Augsbourg, 1688-1794) et contre l'Espagne (guerre de la Succession d'Espagne, 1701-1714). La terrible famine de 1793-1794 ainsi que le froid inhabituel des années 1708-1710 entraînent une mortalité très importante.

Siècle de maladie et de misère pour la majorité du peuple, le XVIIe siècle est aussi un siècle de progrès pour l'autorité et la stabilité de l'État, pour la puissance et le rayonnement de la France à l'étranger et pour les progrès scientifiques et techniques. Avec Galilée, Descartes, la connaissance scientifique (physique, mathématiques, astronomie) accomplit des progrès considérables. Les arts, conçus par Louis XIV et son gouvernement comme un moyen du rayonnement de la monarchie absolue, connaissent une vitalité extraordinaire.

La première moitié du siècle est dominée par un foisonnement de formes et de thèmes d'inspiration qu'on regroupe sous le terme de *baroque*, tandis que le règne de Louis XIV, en particulier les années 1661-1685, est dominé par l'esthétique dite *classique*. Le classicisme est une conception rationnelle et réfléchie de la création artistique, fondée sur l'idée qu'on peut atteindre la beauté et la réussite artistique par l'étude des modèles de l'Antiquité, et le respect discipliné de règles éprouvées.

La fin du règne de Louis XIV (1685-1715) est marquée par une certaine rigidité morale. Louis XIV vieillit, la Cour est devenue un lieu figé et sclérosé. Le roi et les courtisans sont enfermés dans un cérémonial pointilleux qu'on appelle l'étiquette. En 1685, Louis XIV révoque l'édit de Nantes et réprime les protestants. L'extraordinaire vitalité du début de règne s'essouffle. La fin du siècle, dominée en littérature par la querelle des Anciens et des Modernes, marque le début d'une évolution.

La querelle des Anciens et des Modernes

Au XVIe siècle, les auteurs français, à la suite des Italiens, ont redécouvert l'héritage culturel, artistique, littéraire de l'Antiquité. Les conceptions littéraires sont alors dominées par le sentiment de la supériorité des Anciens (auteurs antiques, grecs et latins). L'idéal esthétique du classicisme (1660-1680) est fondé entre autres sur le principe de l'imitation des modèles, réputés indépassables, de la littérature antique. La plupart des pièces de Racine, par exemple, prennent comme sujet des récits mythologiques *(Andromaque, Iphigénie, Phèdre)* ou des événements de l'histoire romaine *(Britannicus, Bérénice)*. Les Préfaces dans lesquelles il présente ses pièces sont un éloge respectueux des textes antiques, latins ou grecs, sur les mêmes sujets.

À la fin du XVIIe siècle, une réaction se produit contre cette admiration du passé, et certains auteurs et théoriciens défendent une autre conception de la littérature, des modèles à imiter, et des sources auxquelles les écrivains s'abreuvent. C'est ce qu'on appelle la querelle des Anciens et des Modernes.

Cette querelle éclate le 27 janvier 1687. Pour célébrer la convalescence du roi, Charles Perrault lit, à l'Académie française, son poème intitulé *Le Siècle de Louis le Grand*, à la gloire du roi. Le texte développe l'idée contenue dans ces deux vers :

« Que l'on peut comparer, sans crainte d'être injuste,
Le siècle de Louis, au beau siècle d'Auguste. »

Deux camps se forment. Dans le camp des Anciens, on peut compter Ménage, Huet, Dacier, La Fontaine, Racine, La Bruyère (écrivains dont l'œuvre est inspirée des modèles de l'Antiquité). Ces auteurs répliquèrent avec force à Perrault, en défendant la suprématie de la culture antique. Les modernes défendirent alors leurs positions en publiant plusieurs textes qui visaient à démontrer la supériorité des auteurs modernes, notamment Fontenelle avec la *Digression sur les Anciens et les Modernes* (1688) et Perrault, dans une série de *Parallèles des Anciens et des Modernes*, publiés entre 1688 et 1697.

Une question essentielle domine le débat : celle du progrès en art. Les Anciens pensent que le progrès n'existe pas en art et que les auteurs de l'Antiquité ont tout inventé : il ne reste plus qu'à essayer de faire aussi bien qu'eux en les étudiant soigneusement. La position des Modernes peut être résumée par ces deux propositions :

• La nature humaine n'a pas changé. Il n'y a donc aucune raison pour que les auteurs d'aujourd'hui ne puissent pas faire aussi bien que les auteurs de l'Antiquité : « La nature a entre les mains une certaine pâte qui est toujours la même, qu'elle tourne et retourne sans cesse en mille façons, et dont elle forme les hommes, les animaux et les plantes ; et certainement, elle n'a point formé Platon, Démosthène ni Homère d'une argile plus fine ni mieux préparée que nos philosophes, nos orateurs et nos poètes d'aujourd'hui. » (Fontenelle, *Digression...*).

• Les auteurs modernes ont un avantage sur les auteurs anciens : ils ont intégré la sagesse et les connaissances des Anciens et peuvent donc naturellement les dépasser : « S'il plaisait au ciel de faire naître un homme qui eût un génie de la force de celui de Virgile, il est sûr qu'il ferait un plus beau poème que celui de l'*Énéide*, parce qu'il aurait, suivant ma supposition, autant de génie que Virgile, et qu'il aurait en même temps un plus grand amas de préceptes pour se conduire», écrit Perrault dans ses *Parallèles des Anciens et des Modernes*.

Les *Contes* de Perrault dans la querelle

La publication des *Contes* par Perrault fait partie de son combat en faveur des Modernes. En effet, les contes (voir « Qu'est-ce qu'un conte populaire ? », p. 18) sont des récits qui proviennent du folklore racontés dans les campagnes. Ce sont des histoires populaires, de style simple et naïf, qui illustrent bien les valeurs littéraires des Modernes, en faveur de la simplicité et de la douceur, contre l'académisme, la pédanterie et la rudesse que Perrault prêtait aux Anciens, en particulier à Boileau.

Les contes ont pour Perrault une valeur éducative. Souvent racontés par les nourrices aux enfants pour leur apprendre la vie, ils sont le symbole même d'une littérature populaire, plus proche du public, dans une langue familière, la langue française par opposition à la langue latine, celle des doctes et des savants.

Le succès des contes

Mais les *Contes* ne sont évidemment pas seulement l'œuvre d'un savant et l'argument à l'appui d'un débat théorique sur la littérature. Perrault n'est d'ailleurs pas le seul auteur à publier des contes à la fin du XVIIᵉ siècle. Mademoiselle Lhéritier, sa propre nièce, ou madame d'Aulnoy, avec ses *Contes de fées* (1697), écrivent des contes dans les années 1690. Ces textes rencontrent un énorme succès auprès du public. Une dizaine d'années plus tard, Antoine Galland, un éminent savant spécialiste de l'Orient, publie la traduction de contes arabes, *Les Mille et Une Nuits*, qui seront également très prisés des lecteurs.

Cette mode du conte de fées s'explique notamment par le besoin d'évasion qui se faisait sentir dans les dernières années du règne de Louis XIV, marquées par la morosité, l'austérité morale et religieuse imposée par Mme de Maintenon.

Les *Contes* de Perrault ne sont pas exclusivement destinés aux enfants. C'est avant tout aux adultes, à la société cultivée qu'ils s'adressent, pour faire découvrir une littérature populaire, mais sous une forme qui peut plaire. Car s'ils reproduisent assez fidèlement leurs modèles populaires, ils sont le résultat d'une transformation.

Qu'est-ce qu'un conte populaire ?

Comme les mythes, les contes sont des histoires qu'on retrouve dans toutes les parties du monde, et que les hommes se transmettent de bouche à oreille. Dans les sociétés traditionnelles, qui subsistent de nos jours dans quelques régions du monde comme le Moyen-Orient, l'Asie, mais surtout l'Afrique, perdure la tradition de se réunir à des occasions particulières, comme les fêtes religieuses ou certaines activités collectives, et de se distraire en racontant des histoires. En Europe, la société industrialisée a depuis longtemps remplacé la société rurale traditionnelle. Mais, au XVIIᵉ siècle, la France était encore un pays rural. À la veillée, le soir après une journée de travail dans les champs, la communauté villageoise se retrouvait généralement autour du feu pour entendre des histoires.

Dans ces assemblées, le conteur n'était pas forcément un professionnel, mais simplement un habitant du village ou d'un village voisin. Le plus souvent c'était une personne âgée, un sage plein d'expérience, qui racontait des histoires du passé. Ce personnage respecté tenait son savoir d'une longue pratique. Certains des contes racontés au cours d'une veillée étaient parfois déjà connus par les auditeurs, et dans ce cas, chacun pouvait prendre la parole pour ajouter un détail, raconter sa version, corriger une erreur ou simplement manifester sa présence, son intérêt. Ainsi, les contes se transmettaient-ils collectivement, de génération en génération, ou de village en village.

Les contes pouvaient s'adresser plus particulièrement aux enfants et leur être racontés le soir pour les endormir. Ils pouvaient servir aussi à leur apprendre à mieux prononcer, à exercer leur mémoire, à apprendre de nouveaux mots, etc.

Mais ils étaient aussi destinés aux adultes, apportant une distraction pendant la journée de travail, ou l'occasion de se réunir et de partager un moment de détente. Ainsi certaines activités traditionnelles collectives et silencieuses, comme le filage de la laine, le tressage des paniers, étaient l'occasion de se dire des contes pour se distraire.

Les contes de fées

On distingue de nombreuses catégories de contes : contes réalistes, contes religieux, contes d'animaux, etc. La catégorie la plus répandue est celle des contes humoristiques, équivalents de nos histoires drôles. Les contes de fées appartiennent à un ensemble particulier, qu'on appelle aussi les contes merveilleux.

Qu'est-ce que le merveilleux ?

On qualifie de *merveilleux* un conte ou un récit où se produisent des événements qui n'existent pas dans le monde réel. Le sommeil de cent ans de la Belle au bois dormant, le Loup qui parle dans *Le Petit Chaperon rouge*, les bottes de sept lieues du Petit Poucet, la citrouille transformée en carrosse, tout ceci n'existe pas dans la réalité. Pourtant, nous y croyons le temps d'un conte. Ou plus exactement, nous faisons semblant d'y croire, pour avoir le plaisir d'écouter une histoire. Le merveilleux est comme un pacte entre le conteur et celui qui l'écoute : « Raconte-moi une histoire, et faisons ensemble comme si, le temps du conte, les animaux parlaient et les fées existaient. »

L'univers des contes de fées est donc un univers imaginaire, un monde à part. Cette rupture avec le monde ordinaire est attestée notamment par le célèbre début des contes, le « Il était une fois » qui situe l'action dans un passé indéfini, au temps des fées ou des génies.

VIE	ŒUVRES
1628 Naissance de Charles Perrault. **1636** Perrault entre au collège de Beauvais, à Paris.	
1644 Après ses études secondaires, Charles Perrault suit les cours de la faculté de Droit à Paris.	
	1646 *L'Énéide burlesque.*
1651 Charles Perrault devient avocat.	
1654 Charles Perrault est engagé comme commis par son frère, qui vient d'acheter la charge de receveur général des Finances de Paris.	**1654** *Portrait d'Iris.*
	1660 *Le Miroir ou la Métamorphose d'Oronte ; Dialogue de l'Amour et de l'Amitié ; Ode sur la paix des Pyrénées ; Ode sur le mariage du roi.*
1661 Perrault entre au service de Colbert, surintendant des Finances de Louis XIV.	

ÉVÉNEMENTS LITTÉRAIRES ET ARTISTIQUES	ÉVÉNEMENTS HISTORIQUES ET POLITIQUES
	1643 Mort de Louis XIII, début de la Régence d'Anne d'Autriche.
1644 Vélasquez, *Le Nain*.	
1645 Mansart, construction du Val de Grâce.	
	1648 Traité de Westphalie. Fin de la guerre de Trente Ans. Début de la Fronde.
1651-1657 Scarron, *Le Roman comique*.	**1653** Traité des Pyrénées et fin de la guerre avec l'Espagne.
1656 Vélasquez, *Les Ménines*.	
1661 Début des travaux du château de Versailles.	**1661** Début du règne personnel de Louis XIV. Colbert devient ministre.

VIE	ŒUVRES
1664 Ruine de Pierre Perrault, frère de Charles, qui met à mal le clan Perrault.	
1668 Perrault est nommé Premier commis des Bâtiments par Colbert.	
1671 Perrault est nommé à l'Académie française. **1672** Perrault épouse Marie Guichon.	
1676 Naissance de Pierre Perrault, troisième fils de Charles Perrault. **1678** Mort de Marie Guichon.	
	1687 *Le Siècle de Louis le Grand.* **1688-1697** *Parallèle des Anciens et des Modernes.*

ÉVÉNEMENTS LITTÉRAIRES ET ARTISTIQUES	ÉVÉNEMENTS HISTORIQUES ET POLITIQUES
1664 Poussin, *Les Quatre Saisons*.	
1665 Vermeer, *La Dentellière*. Molière, *Dom Juan*.	
1666 Claude Perrault, construction de la colonnade du Louvre.	
1667 Racine, *Andromaque*.	
1668 Molière, *L'Avare*. La Fontaine, *Fables*.	
1668-1672 Claude Perrault, construction de l'Observatoire de Port-Royal.	
	1672 Début de la guerre contre la Hollande.
1674 Boileau, *Art poétique*. La Fontaine, *Contes*.	
1676 Bruand, construction des Invalides.	
1678 Madame de Lafayette, *La Princesse de Clèves*. La Rochefoucauld, *Maximes*.	**1678** Fin de la guerre avec la Hollande.
	1683 Mariage de Louis XIV avec Madame de Maintenon. Mort de Colbert.
	1685 Révocation de l'édit de Nantes.
1688 La Bruyère, *Les Caractères*.	**1688** Début de la guerre de la Ligue d'Augsbourg.

VIE	ŒUVRES
	1691 *Grisélidis.* **1693** *Les Souhaits ridicules.* **1694** *Peau d'Âne.* **1696** *La Belle au bois dormant.* **1697** *Publication des Contes ou Histoires du temps passé.*
1700 Mort de Pierre Perrault d'Armancour. **1703** Mort de Charles Perrault.	

ÉVÉNEMENTS LITTÉRAIRES ET ARTISTIQUES	ÉVÉNEMENTS HISTORIQUES ET POLITIQUES
	1693-1694 Une terrible famine s'abat sur le pays.
1697 Madame d'Aulnoy, *Contes de fées*.	**1697** Fin de la guerre de la Ligue d'Augsbourg.
	1701-1714 Guerre de la Succession d'Espagne.

GENÈSE
DE L'ŒUVRE

Une querelle de paternité

Aucune des éditions des *Contes* avant la mort de Charles Perrault en 1703 ne porte son nom. La dédicace de la première édition ainsi que le permis d'imprimer font au contraire apparaître comme auteur le nom de Pierre Perrault d'Armancour, le troisième fils de Charles Perrault.

Ainsi, depuis leur parution, de nombreux historiens de la littérature se sont demandé qui était précisément l'auteur des *Contes* de Perrault. Trois contes en vers, *Grisélidis, Peau d'Âne* et *Les Souhaits ridicules*, publiés entre 1691 et 1694, peuvent être attribués à Charles Perrault sans aucun doute.

En 1696, les *Histoires ou Contes du temps passé* paraissent sans nom d'auteur. Le privilège du roi (autorisation nécessaire à l'époque pour pouvoir publier un livre) est attribué au « sieur d'Armancour », fils de Charles Perrault.

Cette même année 1696 avait vu, en février, la publication de *La Belle au bois dormant* dans la revue du *Mercure galant*. Le conte est d'abord attribué à une femme, puis à un jeune auteur, « fils de Maître », c'est-à-dire à Pierre d'Armancour. La discrétion avec laquelle le jeune auteur se serait effacé derrière son livre est expliquée par le désir qu'aurait eu Pierre D'Armancour de transmettre modestement et naïvement les contes qu'il avait entendus dans son enfance. Les *Contes* appartenant au patrimoine populaire, se transmettant de bouche à oreille (voir « Contextes », p. 18), il paraît en effet logique de considérer qu'ils n'ont pas d'auteur, mais sont simplement transmis sous forme écrite par un jeune homme à peine sorti de l'enfance.

Pourtant, le style des *Contes*, s'il paraît naïf et populaire, est travaillé et savant. L'apparente simplicité, la naïveté du ton, qui conviennent bien aux contes, sont le résultat d'un travail précis sur la langue, permettant d'atteindre l'effet recherché. Il est donc plus que probable que les *Contes* soient bien l'œuvre de Charles Perrault. Dans ce cas, pourquoi avoir fait paraître le recueil sans en assumer la paternité, en laissant croire que son fils en était l'auteur ?

Une première raison a été avancée par les critiques et les historiens de la littérature. Les *Contes*, bien qu'étant destinés aux adultes autant qu'aux enfants dans la tradition populaire, ont toujours été considérés par le public cultivé comme de la littérature pour les enfants, qu'on y voit une simple distraction destinée à amuser, ou une littérature morale propre à enseigner des préceptes moraux ou pratiques, en rendant l'apprentissage plus facile grâce à l'imaginaire et à la fiction. Dans cette perspective, les contes sont assez proches des fables, où une histoire illustre une moralité, comme dans les *Contes* de Perrault.

En réalité les choses sont moins simples et les *Contes* peuvent s'adresser aussi bien aux enfants qu'aux adultes. Par ailleurs, les moralités aussi bien que le style peuvent difficilement être attribués à un jeune homme d'environ dix-sept ans. Enfin, un manuscrit des *Contes*, retrouvé récemment (1953) a permis d'établir qu'ils ont bien été écrits par Charles Perrault, mais avec la collaboration probable de son fils.

Une étude biographique (voir « Bibliographie », p. 158) a tenté de démontrer que Perrault avait utilisé son fils pour la rédaction des *Contes*. Étant habitué à ne jamais travailler seul, mais toujours épaulé par un frère, souffrant inconsciemment de la perte de son frère jumeau en bas âge, il aurait voulu compenser cette perte en reformant avec son fils, par l'écriture, cette relation perdue de gémellité.

Ainsi, les *Contes* auraient à l'origine été recueillis sur un cahier par Pierre d'Armancour, qui les aurait entendus à la campagne, chez son oncle, de la bouche d'une vieille conteuse. Tombant sur ce cahier, Charles Perrault décide de retranscrire ces histoires et de les mettre sous une forme qui pourra plaire au public des villes et de la Cour. Pour leur garder toute leur fraîcheur (ou peut-être par souci de mystification), il les adresse à mademoiselle d'Orléans, nièce de Louis XIV, sous le nom de son fils Pierre.

Charles Perrault.
Lithographie de F.-S. Delpech (1778-1825).

Histoires ou Contes
du temps passé

PERRAULT

contes

*Publiés pour la première fois
en 1697*

Il vit sur un lit, dont les rideaux étaient ouverts de tous côtés, le plus beau
spectacle qu'il eût jamais vu.
Illustration de Lix, vers 1900.

LA BELLE AU BOIS DORMANT

IL ÉTAIT UNE FOIS un roi et une reine, qui étaient si fâchés[1]
de n'avoir point d'enfants, si fâchés qu'on ne saurait dire. Ils
allèrent à toutes les eaux[2] du monde ; vœux[3], pèlerinages,
menues dévotions[4], tout fut mis en œuvre, et rien n'y faisait.
5 Enfin pourtant la reine devint grosse[5], et accoucha d'une
fille : on fit un beau baptême ; on donna pour marraines à
la petite princesse toutes les fées qu'on pût trouver dans le
pays (il s'en trouva sept), afin que chacune d'elles, lui faisant
un don, comme c'était la coutume des fées en ce temps-là, la
10 princesse eût par ce moyen toutes les perfections imaginables.
Après les cérémonies du baptême toute la compagnie revint
au palais du roi, où il y avait un grand festin pour les fées.
On mit devant chacune d'elles un couvert magnifique, avec
un étui d'or massif, où il y avait une cuiller, une fourchette,
15 et un couteau de fin or, garni de diamants et de rubis. Mais
comme chacun prenait sa place à table, on vit entrer une
vieille fée qu'on n'avait point priée[6] parce qu'il y avait plus
de cinquante ans qu'elle n'était sortie d'une tour et qu'on la
croyait morte, ou enchantée[7]. Le roi lui fit donner un cou-
20 vert, mais il n'y eut pas moyen de lui donner un étui d'or
massif, comme aux autres, parce que l'on n'en avait fait faire

---

1. **Fâchés** : mécontents.
2. **Eaux** : sources thermales, supposées ici favoriser la naissance des enfants.
3. **Vœux** : prières.
4. **Menues dévotions** : pratiques religieuses accomplies en hommage aux saints.
5. **Grosse** : enceinte.
6. **Priée** : invitée.
7. **Enchantée** : ensorcelée.

31

que sept pour les sept fées. La vieille crut qu'on la méprisait, et grommela quelques menaces entre ses dents. Une des jeunes fées qui se trouva auprès d'elle l'entendit, et jugeant
25 qu'elle pourrait donner quelque fâcheux[1] don à la petite princesse, alla dès qu'on fut sorti de table se cacher derrière la tapisserie[2], afin de parler la dernière, et de pouvoir réparer autant qu'il lui serait possible le mal que la vieille aurait fait. Cependant les fées commencèrent à faire leurs dons à la prin-
30 cesse. La plus jeune lui donna pour don qu'elle serait la plus belle personne du monde, celle d'après qu'elle aurait de l'esprit comme un ange, la troisième qu'elle aurait une grâce admirable à tout ce qu'elle ferait, la quatrième qu'elle danserait parfaitement bien, la cinquième qu'elle chanterait
35 comme un rossignol, et la sixième qu'elle jouerait de toutes sortes d'instruments dans la dernière[3] perfection. Le rang[4] de la vieille fée étant venu, elle dit, en branlant la tête encore plus de dépit que de vieillesse, que la princesse se percerait la main d'un fuseau[5] et qu'elle en mourrait. Ce terrible don fit
40 frémir toute la compagnie, et il n'y eut personne qui ne pleurât[6]. Dans ce moment la jeune fée sortit de derrière la tapisserie, et dit tout haut ces paroles :

« Rassurez-vous, roi et reine, votre fille n'en mourra pas ; il est vrai que je n'ai pas assez de puissance pour défaire
45 entièrement ce que mon ancienne[7] a fait. La princesse se percera la main d'un fuseau ; mais au lieu d'en mourir, elle tombera seulement dans un profond sommeil qui durera cent ans, au bout desquels le fils d'un roi viendra la réveiller. » Le

---

1. **Fâcheux** : néfaste, négatif.
2. **Tapisserie** : les tapisseries étaient accrochées à une certaine distance des murs.
3. **Dans la dernière perfection** : avec la plus grande perfection, de la manière la plus parfaite possible.
4. **Rang** : tour.
5. **Fuseau** : morceau de bois effilé à ses deux extrémités autour duquel on enroulait la laine pour la filer.
6. **Il n'y eut personne qui ne pleurât** : personne ne resta sans pleurer.
7. **Ancienne** : aînée.

roi, pour tâcher d'éviter le malheur annoncé par la vieille, fit
50 publier aussitôt un édit[1], par lequel il défendait à toutes personnes de filer au fuseau, ni d'avoir des fuseaux chez soi sur
peine de la vie[2]. Au bout de quinze ou seize ans, le roi et la
reine étant allés à une de leurs maisons de plaisance[3], il
arriva que la jeune princesse courant un jour dans le château,
55 et montant de chambre en chambre, alla jusqu'au haut d'un
donjon dans un petit galetas[4], où une bonne vieille était seule
à filer sa quenouille[5]. Cette bonne femme n'avait point ouï[6]
parler des défenses que le roi avait faites de filer au fuseau.

« Que faites-vous là, ma bonne femme ? dit la princesse.
60 – Je file, ma belle enfant, lui répondit la vieille qui ne la
connaissait pas.

– Ah ! que cela est joli, reprit la princesse, comment faites-
vous ? Donnez-moi que je voie si j'en ferais bien autant. »

Elle n'eut pas plus tôt pris le fuseau, que comme elle était
65 fort vive, un peu étourdie, et que d'ailleurs l'arrêt[7] des fées
l'ordonnait ainsi, elle s'en perça la main, et tomba évanouie.
La bonne vieille, bien embarrassée, crie au secours : on vient
de tous côtés, on jette de l'eau au visage de la princesse, on
la délace[8], on lui frappe dans les mains, on lui frotte les
70 tempes avec de l'eau de la reine de Hongrie[9] ; mais rien ne
la faisait revenir[10]. Alors le roi, qui était monté au bruit, se
souvint de la prédiction des fées, et jugeant bien qu'il fallait

---

1. **Édit** : déclaration de loi.
2. **Sur peine de la vie** : sous peine d'être condamné à mort.
3. **Maisons de plaisance** : résidences où le roi et la reine pouvaient se reposer
de leur devoir royal.
4. **Galetas** : grenier, mansarde sous les toits, pièce misérable.
5. **Quenouille** : bâton sur lequel est enroulée la laine avant qu'on la file, au
moyen d'un rouet ou d'un fuseau.
6. **Ouï** : entendu.
7. **Arrêt** : décision ferme.
8. **Délace** : on défait les lacets qui maintiennent son corset.
9. **Eau de la Reine de Hongrie** : préparation à base d'alcool utilisée pour faire
revenir une personne d'un évanouissement.
10. **Revenir** : reprendre conscience.

que cela arrivât, puisque les fées l'avaient dit, fit mettre la princesse dans le plus bel appartement du palais, sur un lit
75 en broderie d'or et d'argent. On eût dit d'un ange, tant elle était belle ; car son évanouissement n'avait pas ôté les couleurs vives de son teint : ses joues étaient incarnates[1], et ses lèvres comme du corail ; elle avait seulement les yeux fermés, mais on l'entendait respirer doucement, ce qui faisait voir
80 qu'elle n'était pas morte. Le roi ordonna qu'on la laissât dormir en repos, jusqu'à ce que son heure de se réveiller fût venue. La bonne fée qui lui avait sauvé la vie, en la condamnant à dormir cent ans, était dans le royaume de Mataquin, à douze mille lieues[2] de là, lorsque l'accident arriva à la prin-
85 cesse ; mais elle en fut avertie en un instant par un petit nain, qui avait des bottes de sept lieues (c'était des bottes avec lesquelles on faisait sept lieues d'une seule enjambée). La fée partit aussitôt, et on la vit au bout d'une heure arriver dans un chariot tout de feu, traîné par des dragons. Le roi lui alla
90 présenter la main à la descente du chariot. Elle approuva tout ce qu'il avait fait ; mais comme elle était grandement prévoyante, elle pensa que quand la princesse viendrait à se réveiller, elle serait bien embarrassée toute seule dans ce vieux château : voici ce qu'elle fit. Elle toucha de sa baguette tout
95 ce qui était dans ce château (hors le roi et la reine), gouvernantes[3], filles d'honneur[4], femmes de chambre, gentilshommes, officiers[5], maîtres d'hôtel, cuisiniers, marmitons, galopins[6], gardes, suisses[7], pages, valets de pied[8] ; elle toucha aussi tous les chevaux qui étaient dans les écuries, avec

---

1. **Incarnates :** rouge vif.
2. **Lieue :** ancienne mesure de distance d'environ quatre kilomètres.
3. **Gouvernantes :** femmes chargées du service d'une jeune fille.
4. **Filles d'honneur :** filles attachées au service d'une princesse.
5. **Officiers :** domestiques chargés de la table.
6. **Galopins :** jeunes garçons chargés de tâches subalternes à la cuisine.
7. **Suisses :** portiers.
8. **Valets de pied :** valets en livrée qui suivaient les grands personnages.

100 les palefreniers, les gros mâtins[1] de basse-cour, et la petite
Pouffe, petite chienne de la princesse, qui était auprès d'elle
sur son lit. Dès qu'elle les eut touchées, ils s'endormirent tous,
pour ne se réveiller qu'en même temps que leur maîtresse,
afin d'être tout prêts à la servir quand elle en aurait besoin ;
105 les broches mêmes qui étaient au feu toutes pleines de perdrix
et de faisans s'endormirent, et le feu aussi. Tout cela se fit en
un moment ; les fées n'étaient pas longues à leur besogne.
Alors le roi et la reine, après avoir baisé leur chère enfant
sans qu'elle s'éveillât, sortirent du château, et firent publier
110 des défenses à qui que ce soit d'en approcher. Ces défenses
n'étaient pas nécessaires, car il crût[2] dans un quart d'heure
tout autour du parc une si grande quantité de grands arbres
et de petits, de ronces et d'épines entrelacées les unes dans les
autres, que bête ni homme n'y aurait pu passer : en sorte
115 qu'on ne voyait plus que le haut des tours du château, encore
n'était-ce que de bien loin. On ne douta point que la fée n'eût
encore fait là un tour de son métier, afin que la princesse,
pendant qu'elle dormirait, n'eût rien à craindre des curieux.
   Au bout de cent ans, le fils du roi qui régnait alors, et qui
120 était d'une autre famille que la princesse endormie, étant allé
à la chasse de ce côté-là, demanda ce que c'était que des tours
qu'il voyait au-dessus d'un grand bois fort épais ; chacun lui
répondit selon[3] qu'il en avait ouï parler. Les uns disaient que
c'était un vieux château où il revenait des esprits ; les autres
125 que tous les sorciers de la contrée y faisaient leur sabbat[4].
La plus commune opinion était qu'un ogre y demeurait, et
que là il emportait tous les enfants qu'il pouvait attraper,
pour les pouvoir manger à son aise, et sans qu'on le pût
suivre, ayant seul le pouvoir de se faire un passage au travers

---

1. **Mâtins** : gros chiens de garde.
2. **Crût** (du verbe *croître*) : poussa.
3. **Chacun lui répondit selon qu'il en avait ouï parler** : chacun lui répéta ce qu'il avait entendu dire à ce sujet.
4. **Sabbat** : assemblée nocturne de sorciers.

130 du bois. Le prince ne savait qu'en croire, lorsqu'un vieux
paysan prit la parole, et lui dit :

« Mon prince, il y a plus de cinquante ans que j'ai ouï dire
à mon père qu'il y avait dans ce château une princesse, la
plus belle du monde ; qu'elle y devait dormir cent ans, et
135 qu'elle serait réveillée par le fils d'un roi, à qui elle était
réservée. »

Le jeune prince, à ce discours, se sentit tout de feu ; il crut
sans balancer[1] qu'il mettrait fin à une si belle aventure ; et
poussé par l'amour et par la gloire, il résolut de voir sur-le-
140 champ ce qui en était. À peine s'avança-t-il vers le bois, que
tous ces grands arbres, ces ronces et ces épines s'écartèrent
d'elles-mêmes pour le laisser passer : il marche vers le château
qu'il voyait au bout d'une grande avenue[2] où il entra, et ce
qui le surprit un peu, il vit que personne de ses gens[3] ne
145 l'avait pu suivre, parce que les arbres s'étaient rapprochés dès
qu'il avait été passé. Il ne laissa pas de[4] continuer son
chemin : un prince jeune et amoureux est toujours vaillant.
Il entra dans une grande avant-cour où tout ce qu'il vit
d'abord était capable de le glacer de crainte : c'était un silence
150 affreux, l'image de la mort s'y présentait partout, et ce n'était
que des corps étendus d'hommes et d'animaux, qui parais-
saient morts. Il reconnut pourtant bien au nez bourgeonné et
à la face vermeille[5] des suisses, qu'ils n'étaient qu'endormis,
et leurs tasses où il y avait encore quelques gouttes de vin
155 montraient assez qu'ils s'étaient endormis en buvant. Il passe
une grande cour pavée de marbre, il monte l'escalier, il entre
dans la salle des gardes qui étaient rangés en haie, la carabine
sur l'épaule, et ronflant de leur mieux. Il traverse plusieurs
chambres pleines de gentilshommes et de dames, dormant

---

1. **Balancer** : hésiter.
2. **Avenue** : passage, voie d'accès. Ici, allée.
3. **Ses gens** : l'ensemble de ses domestiques.
4. **Ne pas laisser de** : ne pas manquer de.
5. **Vermeille** : d'un rouge vif et léger.

160 tous, les uns debout, les autres assis ; il entre dans une
chambre toute dorée, et il vit sur un lit, dont les rideaux
étaient ouverts de tous côtés, le plus beau spectacle qu'il eût
jamais vu : une princesse qui paraissait avoir quinze ou seize
ans, et dont l'éclat resplendissant avait quelque chose de
165 lumineux et de divin. Il s'approcha en tremblant et en admi-
rant, et se mit à genoux auprès d'elle. Alors comme la fin de
l'enchantement était venue, la princesse s'éveilla ; et le regardant avec des yeux plus tendres qu'une première vue ne sem-
blait le permettre :
170 « Est-ce vous, mon prince ? lui dit-elle, vous vous êtes bien
fait attendre. »

Le prince, charmé de ces paroles, et plus encore de la
manière dont elles étaient dites, ne savait comment lui témoigner sa joie et sa reconnaissance ; il l'assura qu'il l'aimait plus
175 que lui-même. Ses discours furent mal rangés[1], ils en plurent
davantage ; peu d'éloquence[2], beaucoup d'amour. Il était
plus embarrassé qu'elle, et l'on ne doit pas s'en étonner ; elle
avait eu le temps de songer à ce qu'elle aurait à lui dire, car
il y a apparence (l'histoire n'en dit pourtant rien) que la
180 bonne fée, pendant un si long sommeil, lui avait procuré le
plaisir des songes agréables. Enfin il y avait quatre heures
qu'ils se parlaient, et ils ne s'étaient pas encore dit la moitié
des choses qu'ils avaient à se dire.

Cependant tout le palais s'était réveillé avec la princesse ;
185 chacun songeait à faire sa charge[3], et comme ils n'étaient pas
tous amoureux, ils mouraient de faim ; la dame d'honneur,
pressée comme les autres, s'impatienta, et dit tout haut à la
princesse que la viande[4] était servie. Le prince aida[5] à la
princesse à se lever ; elle était tout habillée et fort magnifi-

---

1. **Mal rangés** : désordonnés et spontanés.
2. **Éloquence** : art de bien parler.
3. **Faire sa charge** : remplir sa fonction, faire son travail.
4. **Viande** : nourriture.
5. **Aida à la princesse** : aida la princesse (construction ancienne).

190 quement ; mais il se garda bien de lui dire qu'elle était habillée comme ma mère-grand, et qu'elle avait un collet monté[1] ;
elle n'en était pas moins belle. Ils passèrent dans un salon de
miroirs, et y soupèrent, servis par les officiers de la princesse ;
les violons et les hautbois jouèrent de vieilles pièces, mais
195 excellentes, quoiqu'il y eût près de cent ans qu'on ne les jouât
plus ; et après souper, sans perdre de temps, le grand aumô-
nier les maria dans la chapelle du château, et la dame d'honneur leur tira le rideau[2] : ils dormirent peu, la princesse n'en
avait pas grand besoin, et le prince la quitta dès le matin
200 pour retourner à la ville, où son père devait être en peine de
lui. Le prince lui dit qu'en chassant il s'était perdu dans la
forêt, et qu'il avait couché dans la hutte d'un charbonnier,
qui lui avait fait manger du pain noir et du fromage. Le roi
son père, qui était bon homme, le crut, mais sa mère n'en fut
205 pas bien persuadée, et voyant qu'il allait presque tous les
jours à la chasse, et qu'il avait toujours une raison en main
pour s'excuser, quand il avait couché deux ou trois nuits
dehors, elle ne douta plus qu'il n'eût quelque amourette : car
il vécut avec la princesse plus de deux ans entiers, et en eut
210 deux enfants, dont le premier, qui fut une fille, fut nommée
l'Aurore, et le second un fils, qu'on nomma le Jour, parce
qu'il paraissait encore plus beau que sa sœur. La reine dit
plusieurs fois à son fils, pour le faire expliquer[3], qu'il fallait
se contenter dans la vie, mais il n'osa jamais se fier[4] à elle
215 de son secret ; il la craignait quoiqu'il l'aimât, car elle était
de race ogresse, et le roi ne l'avait épousée qu'à cause de ses
grands biens ; on disait même tout bas à la cour qu'elle avait
les inclinations des ogres, et qu'en voyant passer de petits
enfants, elle avait toutes les peines du monde à se retenir de

---

1. **Collet monté** : col montant en dentelle, déjà passé de mode à la fin du
XVIIᵉ siècle, au moment où Perrault écrivit ses contes.
2. **Tirer le rideau** : fermer le rideau qui entoure le lit.
3. **Pour le faire expliquer** : pour obtenir une explication de sa part.
4. **Se fier** : se confier.

220 se jeter sur eux ; ainsi le prince ne voulut jamais rien dire.
Mais quand le roi fut mort, ce qui arriva au bout de deux
ans, et qu'il se vit le maître, il déclara publiquement son
mariage, et alla en grande cérémonie quérir[1] la reine sa
femme dans son château. On lui fit une entrée[2] magnifique
225 dans la ville capitale, où elle entra au milieu de ses deux
enfants. Quelque temps après le roi alla faire la guerre à
l'empereur Cantalabutte son voisin. Il laissa la régence du
royaume à la reine sa mère, et lui recommanda fort sa femme
et ses enfants : il devait être à la guerre tout l'été, et dès qu'il
230 fut parti, la reine mère envoya sa bru[3] et ses enfants à une
maison de campagne dans les bois, pour pouvoir plus aisément assouvir son horrible envie. Elle y alla quelques jours
après, et dit un soir à son maître d'hôtel :
« Je veux manger demain à mon dîner la petite Aurore.
235 – Ah ! Madame ! dit le maître d'hôtel.
– Je le veux, dit la reine (et elle le dit d'un ton d'ogresse
qui a envie de manger de la chair fraîche), et je la veux manger à la sauce Robert[4]. »
Ce pauvre homme voyant bien qu'il ne fallait pas se jouer
240 à[5] une ogresse, prit son grand couteau, et monta à la
chambre de la petite Aurore : elle avait pour lors quatre ans,
et vint en sautant et en riant se jeter à son col[6], et lui demander du bonbon. Il se mit à pleurer, le couteau lui tomba des
mains, et il alla dans la basse-cour couper la gorge à un petit
245 agneau, et lui fit une si bonne sauce que sa maîtresse l'assura
qu'elle n'avait jamais rien mangé de si bon. Il avait emporté
en même temps la petite Aurore, et l'avait donnée à sa femme
pour la cacher dans le logement qu'elle avait au fond de la

1. **Quérir** : chercher.
2. **Entrée** : cérémonie par laquelle on célébrait l'arrivée d'une personne de haut rang.
3. **Bru** : belle-fille, femme du fils.
4. **Sauce Robert** : sauce composée de moutarde et d'oignons.
5. **Se jouer à** : tenir tête à.
6. **Col** : cou.

basse-cour. Huit jours après la méchante reine dit à son
250 maître d'hôtel :

« Je veux manger à mon souper le petit Jour. » Il ne répli-
qua pas, résolu de la tromper comme l'autre fois ; il alla chercher le petit Jour, et le trouva avec un petit fleuret[1] à la main,
dont il faisait des armes[2] avec un gros singe ; il n'avait pour-
255 tant que trois ans. Il le porta à sa femme qui le cacha avec
la petite Aurore, et donna à la place du petit Jour un petit
chevreau fort tendre, que l'ogresse trouva admirablement
bon.

Cela était fort bien allé jusque-là ; mais un soir cette
260 méchante reine dit au maître d'hôtel :

« Je veux manger la reine à la même sauce que ses
enfants. » Ce fut alors que le pauvre maître d'hôtel désespéra
de la pouvoir encore tromper. La jeune reine avait vingt ans
passés, sans compter les cent ans qu'elle avait dormi : sa peau
265 était un peu dure, quoique belle et blanche ; et le moyen de
trouver dans la ménagerie[3] une bête aussi dure que cela ? Il
prit la résolution, pour sauver sa vie, de couper la gorge à la
reine, et monta dans sa chambre, dans l'intention de n'en pas
faire à deux fois[4] ; il s'excitait à la fureur, et entra le poi-
270 gnard à la main dans la chambre de la jeune reine. Il ne
voulut pourtant point la surprendre, et il lui dit avec beaucoup de respect l'ordre qu'il avait reçu de la reine mère.

« Faites votre devoir, lui dit-elle, en lui tendant le col ; exé-
cutez l'ordre qu'on vous a donné ; j'irai revoir mes enfants,
275 mes pauvres enfants que j'ai tant aimés » ; car elle les croyait
morts depuis qu'on les avait enlevés sans lui rien dire.

soumise, désespérée,... accepte la fatalité
mère aimante

---

1. **Fleuret :** fine épée à section carrée, terminée par une pointe garnie de peau
et destinée à s'exercer à l'escrime.
2. **Faire des armes :** s'entraîner à l'escrime.
3. **Ménagerie :** bâtiments dépendant d'un château ou d'une maison et abritant
les animaux de la basse-cour et de l'étable.
4. **N'en pas faire à deux fois :** ne pas s'y reprendre à deux fois.

– Non, non, Madame, lui répondit le pauvre maître d'hôtel tout attendri, vous ne mourrez point, et vous ne laisserez pas d'aller revoir vos chers enfants, mais ce sera chez
280 moi où je les ai cachés, et je tromperai encore la reine, en lui faisant manger une jeune biche en votre place. » Il la mena aussitôt à sa chambre, où la laissant embrasser ses enfants et pleurer avec eux, il alla accommoder[1] une biche, que la reine mangea à son souper, avec le même appétit que si c'eût été
285 la jeune reine. Elle était bien contente de sa cruauté, et elle se préparait à dire au roi, à son retour, que les loups enragés avaient mangé la reine sa femme et ses deux enfants.

Un soir qu'elle rôdait à son ordinaire dans les cours et basses-cours du château pour y halener[2] quelque viande
290 fraîche, elle entendit dans une salle basse le petit Jour qui pleurait, parce que la reine sa mère le voulait faire fouetter, à cause qu'il avait été méchant, et elle entendit aussi la petite Aurore qui demandait pardon pour son frère. L'ogresse reconnut la voix de la reine et de ses enfants, et furieuse
295 d'avoir été trompée, elle commande dès le lendemain au matin, avec une voix épouvantable qui faisait trembler tout le monde, qu'on apportât au milieu de la cour une grande cuve, qu'elle fit remplir de crapauds, de vipères, de couleuvres et de serpents, pour y faire jeter la reine et ses enfants, le
300 maître d'hôtel, sa femme et sa servante : elle avait donné ordre de les amener les mains liées derrière le dos. Ils étaient là, et les bourreaux se préparaient à les jeter dans la cuve, lorsque le roi, qu'on n'attendait pas si tôt, entra dans la cour à cheval ; il était venu en poste[3], et demanda tout étonné[4]
305 ce que voulait dire cet horrible spectacle ; personne n'osait l'en instruire, quand l'ogresse, enragée de voir ce qu'elle voyait, se jeta elle-même la tête la première dans la cuve, et

---

1. **Accommoder** : préparer pour le repas, cuisiner.
2. **Halener** : flairer (pour un chien).
3. **Poste** : voiture à chevaux.
4. **Étonné** : frappé d'une émotion violente, ici épouvanté.

fut dévorée en un instant par les vilaines bêtes qu'elle y avait
fait mettre. Le roi ne laissa pas d'en être fâché : elle était sa
310 mère ; mais il s'en consola bientôt avec sa belle femme et ses
enfants.

MORALITÉ (sur le mariage)

Attendre quelque temps pour avoir un époux,
Riche, bien fait, galant et doux,
La chose est assez naturelle,
315 Mais l'attendre cent ans, et toujours en dormant,
On ne trouve plus de femelle[1]
Qui dormît si tranquillement.

La fable[2] semble encor vouloir nous faire entendre,
Que souvent de l'hymen[3] les agréables nœuds[4],
320 Pour être différés, n'en sont pas moins heureux,
Et qu'on ne perd rien pour attendre ;
Mais le sexe[5] avec tant d'ardeur,
Aspire à la foi conjugale,
Que je n'ai pas la force ni le cœur[6],
325 De lui prêcher cette morale.

① C'est bien d'attendre pour la bonne
personne, mais pas trop longtemps.

② Un mariage est dur à séparer, alors
vaut mieux attendre et bien choisir.

1. **Femelle :** femme.
2. **Fable :** récit imaginaire, histoire.
3. **Hymen :** mariage.
4. **Nœuds :** liens, engagements.
5. **Sexe :** le beau sexe, c'est-à-dire les femmes.
6. **Cœur :** courage.

L'HISTOIRE ET LE RÉCIT

• Résumez le conte. Reprenez ce résumé en énumérant les étapes successives du récit : quelle est la situation initiale ? Quel est l'élément perturbateur ? *3-4 lignes*

• Montrez qu'on peut diviser le conte en deux histoires relativement distinctes : quelle est la situation finale résultant de la première transformation ? Quelle phrase, traditionnelle dans les contes de fées, pourrait clore la première histoire ? *ils vécurent heureux et eurent beaucoup d'enfants.*

• Quelle est la seconde situation de départ ? Quel élément perturbateur relance le conte dans la deuxième histoire ? Quelle est la deuxième situation finale ?

• Qui est menacé dans la première histoire ? dans la deuxième ? Pourquoi s'attend-on à ce que tout se termine finalement bien ?

• Relevez, dans la seconde partie du conte, une séquence qui se répète à l'identique. À quoi sert une telle répétition ?

↳ manger 1 enfant répète et manger 2e enfant.
répète et manger mère.

LES PERSONNAGES

• Faites la liste des personnages du conte. Distinguez les personnages principaux, qui jouent un rôle dans l'action, et les personnages secondaires.

• Qui est le héros du conte ? (Justifiez votre réponse.) *La Belle*

• En vous reportant à la partie « Comment lire l'œuvre » (p. 117-119), faites le schéma actantiel de chacune des deux parties du conte.

• Relevez tous les opposants dans le conte. Quel point commun ont-ils ? *Vieille fée, la reine*

• En vous appuyant sur les réponses précédentes, essayez de formuler l'objet de la quête de la Belle au bois dormant et de définir le sens de l'initiation que subit la Belle.

LES THÈMES

• En vous fondant sur des éléments d'observation précis, montrez que l'univers du conte est un univers idéalisé.

• Quels éléments représentent cependant une menace ?

• Dans les contes, de nombreux éléments ont une valeur symbolique. Relevez-en quelques-uns dans ce conte.

LE RÉCIT ET LE STYLE

• Relevez des termes qui vous paraissent vieillis et donnez pour chacun d'eux son sens actuel et le sens qu'il avait au XVIIᵉ siècle.

• Observez les temps des verbes à partir de : « Elle n'eût pas plus tôt pris le fuseau que, comme elle était fort vive... » (l. 64), et jusqu'à : « mais rien ne la faisait revenir » (l. 71). Que remarquez-vous ?

• Dans quels passages le narrateur intervient-il pour faire un commentaire sur ce qu'il raconte ? Relevez des phrases humoristiques ou ironiques. Quelle fonction ont-elles à votre avis ?

• Résumez en une ou deux phrases la moralité du conte.

DE LA LECTURE À L'ÉCRITURE

• Écrivez un conte à la manière de *La Belle au bois dormant* en le transposant aujourd'hui et en inversant les rôles masculins et féminins.

• Trouvez une autre moralité qui pourrait illustrer ce conte.

• Transposez l'histoire de *La Belle au bois dormant* dans le monde contemporain.

LE PETIT
CHAPERON ROUGE

IL ÉTAIT UNE FOIS une petite fille de village, la plus jolie qu'on eût su voir ; sa mère en était folle, et sa mère-grand plus folle encore. Cette bonne femme lui fit faire un petit chaperon[1] rouge, qui lui seyait[2] si bien, que partout on l'appelait le 5 Petit Chaperon rouge.

Un jour sa mère, ayant cuit[3] et fait des galettes, lui dit :

« Va voir comme se porte ta mère-grand, car on m'a dit qu'elle était malade, porte-lui une galette et ce petit pot de beurre. » Le Petit Chaperon rouge partit aussitôt pour aller 10 chez sa mère-grand, qui demeurait dans un autre village. En passant dans un bois elle rencontra compère le Loup, qui eut bien envie de la manger ; mais il n'osa, à cause de quelques bûcherons qui étaient dans la forêt. Il lui demanda où elle allait ; la pauvre enfant, qui ne savait pas qu'il est dangereux 15 de s'arrêter à écouter un loup, lui dit :

« Je vais voir ma mère-grand, et lui porter une galette avec un petit pot de beurre que ma mère lui envoie.

– Demeure-t-elle bien loin ? lui dit le Loup.

– Oh ! oui, dit le Petit Chaperon rouge, c'est par-delà le 20 moulin que vous voyez tout là-bas, là-bas, à la première maison du village.

– Hé bien, dit le Loup, je veux l'aller voir aussi ; je m'y en vais par ce chemin ici, et toi par ce chemin-là, et nous verrons qui plus tôt y sera. »

---

1. **Chaperon** : coiffure composée d'un bourrelet d'étoffe que les femmes attachaient sur leur tête.
2. **Seyait** : allait.
3. **Ayant cuit** : ayant fait du pain.

Le Petit Chaperon rouge.
*Dessin de J.-P. Thénot gravé par H. Berthoud
pour le Salon de 1840.*

25 Le Loup se mit à courir de toute sa force par le chemin qui était le plus court, et la petite fille s'en alla par le chemin le plus long, s'amusant à cueillir des noisettes, à courir après des papillons, et à faire des bouquets des petites fleurs qu'elle rencontrait. Le Loup ne fut pas longtemps à arriver à la mai-
30 son de la mère-grand ; il heurte : Toc, toc.

« Qui est là ?

– C'est votre fille le Petit Chaperon rouge (dit le Loup, en contrefaisant sa voix) qui vous apporte une galette et un petit pot de beurre que ma mère vous envoie. »

35 La bonne mère-grand, qui était dans son lit à cause qu'elle se trouvait un peu mal, lui cria :

« Tire la chevillette[1] ; la bobinette[2] cherra[3]. » Le Loup tira la chevillette, et la porte s'ouvrit. Il se jeta sur la bonne femme, et la dévora en moins de rien ; car il y avait plus de
40 trois jours qu'il n'avait mangé. Ensuite il ferma la porte, et s'alla coucher dans le lit de la mère-grand, en attendant le Petit Chaperon rouge, qui quelque temps après vint heurter à la porte. Toc, toc.

« Qui est là ? »

45 Le Petit Chaperon rouge, qui entendit la grosse voix du Loup, eut peur d'abord, mais croyant que sa mère-grand était enrhumée, répondit :

« C'est votre fille le Petit Chaperon rouge, qui vous apporte une galette et un petit pot de beurre que ma mère vous
50 envoie. »

Le Loup lui cria en adoucissant un peu sa voix :

« Tire la chevillette, la bobinette cherra. »

Le Petit Chaperon rouge tira la chevillette, et la porte

---

1. **Chevillette** : petite tige de bois ou de métal entrant dans la composition d'une serrure.
2. **Bobinette** : petit loquet servant à maintenir la porte, accroché à son montant.
3. **Cherra** : futur du verbe *choir* ; tombera.

s'ouvrit. Le Loup, la voyant entrer, lui dit en se cachant dans
55 le lit sous la couverture :

« Mets la galette et le petit pot de beurre sur la huche, et
viens te coucher avec moi. »

Le Petit Chaperon rouge se déshabille, et va se mettre dans
le lit, où elle fut bien étonnée de voir comment sa mère-grand
60 était faite en son déshabillé[1]. Elle lui dit :

« Ma mère-grand, que vous avez de grands bras !
– C'est mieux t'embrasser, ma fille.
– Ma mère-grand, que vous avez de grandes jambes !
– C'est pour mieux courir, mon enfant.
65 – Ma mère-grand, que vous avez de grandes oreilles !
– C'est pour mieux écouter, mon enfant.
– Ma mère-grand, que vous avez de grands yeux !
– C'est pour mieux voir, mon enfant.
– Ma mère-grand, que vous avez de grandes dents !
70 – C'est pour te manger. »

Et en disant ces mots, ce méchant Loup se jeta sur le Petit
Chaperon rouge, et la mangea.

MORALITÉ

On voit ici que de jeunes enfants,
Surtout de jeunes filles
75 *Belles, bien faites, et gentilles,*
Font très mal d'écouter toute sorte de gens,
Et que ce n'est pas chose étrange,
S'il en est tant que le loup mange.
Je dis le loup, car tous les loups
80 *Ne sont pas de la même sorte ;*
Il en est d'une humeur accorte[2],

---

1. **Déshabillé** : vêtement léger porté chez soi.
2. **Accorte** : habile, séduisante.

Sans bruit, sans fiel[1], et sans courroux[2],
Qui privés[3], complaisants et doux,
Suivent les jeunes demoiselles
85 Jusque dans les maisons, jusque dans les ruelles[4] ;
Mais hélas ! qui ne sait que ces loups doucereux
De tous les loups sont les plus dangereux.

---

1. **Fiel** : bile des animaux ; ici, au sens figuré, aigreur, méchanceté.
2. **Courroux** : colère.
3. **Privés** : familiers.
4. **Ruelles** : espaces réservés entre un lit et un mur.

L'HISTOIRE

• Faites le résumé du conte en distinguant ses étapes successives. Quels sont la situation initiale, l'élément perturbateur, la situation finale ?
• Peut-on deviner ce qui va arriver dès le début du conte ?
• En quoi ce conte se distingue-t-il du schéma traditionnel ?
• Connaissez-vous une version différente du *Petit Chaperon rouge* ? (Sinon, lisez la version qu'ont donnée les frères Grimm de ce conte, p. 127.) En quoi le sens du conte en est-il changé ? Laquelle des deux fins préférez-vous ? Pourquoi ?

LES PERSONNAGES

• Énumérez les personnages du conte. Comment peut-on les classer ?
• Relevez toutes les indications possibles sur le caractère des personnages. Ces indications sont-elles nombreuses ?
• Quel est le caractère de chacun des personnages ?
• Quel est en particulier le caractère du Petit Chaperon rouge ? À votre avis, est-elle responsable de ce qui lui arrive ?
• Faites le schéma actantiel du Petit Chaperon rouge : qui est le sujet ? l'objet ? Qui sont les adjuvants ? les opposants ?
• Faites maintenant le schéma actantiel du Loup. Vous semble-t-il qu'un personnage important manque ? Lequel ? Quel commentaire peut-on faire à ce sujet ?

LES THÈMES

• Relevez les éléments qui appartiennent à l'univers du surnaturel et de la magie. Sont-ils nombreux ? Faites de même avec les éléments réalistes. Que constatez-vous ?
• À quoi vous fait penser la couleur rouge ? Quel sens symbolique peut-on lui donner ?

LE RÉCIT ET LE STYLE

• Quels sont les différents sens du mot *chaperon* ?
• Relevez les mots anciens et inusités de nos jours. Sont-ils nombreux ? Quel est l'effet produit ?

• Relevez les mots, les expressions, les formules, les actions qui se répètent dans le conte. À quoi cela vous fait-il penser ?

• La morale du conte vous paraît-elle éloignée de l'histoire racontée ?

DE LA LECTURE À L'ÉCRITURE

• Récrivez l'histoire du *Petit Chaperon rouge* de telle sorte que le Petit Chaperon rouge réussisse à échapper au Loup.

• Récrivez l'histoire en introduisant le personnage du père.

La Barbe bleue. *Gravure d'après Gustave Doré
pour les Éditions Hetzel, 1861.*

LA BARBE BLEUE

IL ÉTAIT UNE FOIS un homme qui avait de belles maisons à la ville et à la campagne, de la vaisselle d'or et d'argent, des meubles en broderie[1], et des carrosses tout dorés ; mais par malheur cet homme avait la barbe bleue : cela le rendait si
5 laid et si terrible, qu'il n'était ni femme ni fille qui ne s'enfuît de devant lui. Une de ses voisines, dame de qualité[2], avait deux filles parfaitement belles. Il lui en demanda une en mariage, et lui laissa le choix de celle qu'elle voudrait lui donner. Elles n'en voulaient point toutes deux, et se le ren-
10 voyaient l'une à l'autre, ne pouvant se résoudre à prendre un homme qui eût la barbe bleue. Ce qui les dégoûtait encore, c'est qu'il avait déjà épousé plusieurs femmes, et qu'on ne savait ce que ces femmes étaient devenues. La Barbe bleue, pour faire connaissance, les mena avec leur mère, et trois ou
15 quatre de leurs meilleures amies, et quelques jeunes gens du voisinage, à une de ses maisons de campagne, où on demeura huit jours entiers. Ce n'était que promenades, que parties de chasse et de pêche, que danses et festins, que collations[3] : on ne dormait point, et on passait toute la nuit à se faire des
20 malices[4] les uns aux autres ; enfin tout alla si bien, que la cadette commença à trouver que le maître du logis n'avait plus la barbe si bleue, et que c'était un fort honnête homme[5]. Dès qu'on fut de retour à la ville, le mariage se conclut. Au bout d'un mois la Barbe bleue dit à sa femme qu'il était

---

1. **En broderie** : ornés de broderies.
2. **De qualité** : noble.
3. **Collations** : repas légers.
4. **Se faire des malices** : jouer, s'amuser, plaisanter.
5. **Honnête homme** : personne cultivée et de bon goût, qui possède les qualités de probité et de discrétion, valorisées par la société au XVIIᵉ siècle.

25 obligé de faire un voyage en province, de six semaines au moins, pour une affaire de conséquence[1], qu'il la priait de se bien divertir pendant son absence, qu'elle fît venir ses bonnes amies, qu'elles les menât à la campagne si elle voulait, que partout elle fît bonne chère[2].

30 « Voilà, lui dit-il, les clefs des deux grands garde-meubles[3], voilà celles de la vaisselle d'or et d'argent qui ne sert pas tous les jours, voilà celles de mes coffres-forts, où est mon or et mon argent, celles des cassettes[4] où sont mes pierreries, et voilà le passe-partout de tous les appartements. Pour 35 cette petite clef-ci, c'est la clef du cabinet[5] au bout de la grande galerie de l'appartement bas[6] : ouvrez tout, allez partout, mais pour ce petit cabinet je vous défends d'y entrer, et je vous le défends de telle sorte, que s'il vous arrive de l'ouvrir, il n'y a rien que vous ne deviez attendre de ma colère. »

40 Elle promit d'observer exactement tout ce qui lui venait d'être ordonné ; et lui, après l'avoir embrassée, il monte dans son carrosse et part pour son voyage. Les voisines et les bonnes amies n'attendirent pas qu'on les envoyât quérir[7] pour aller chez la jeune mariée, tant elles avaient d'impatience 45 de voir toutes les richesses de sa maison, n'ayant osé y venir pendant que le mari y était, à cause de sa barbe bleue qui leur faisait peur. Les voilà aussitôt à parcourir les chambres, les cabinets, les garde-robes[8], toutes plus belles et plus riches les unes que les autres. Elles montèrent ensuite aux garde-50 meubles, où elles ne pouvaient assez admirer le nombre et la beauté des tapisseries, des lits, des sofas[9], des cabinets, des

---

1. **De conséquence** : importante.
2. **Faire bonne chère** : faire un bon accueil, un bon repas.
3. **Garde-meubles** : pièces où l'on rangeait les meubles dont on ne se servait pas.
4. **Cassettes** : petits coffrets.
5. **Cabinet** : petite pièce d'usage généralement privé, où l'on se retire par exemple pour lire ou pour étudier.
6. **Appartement bas** : partie de la maison située au rez-de-chaussée.
7. **Qu'on les envoyât quérir** : qu'on aille les chercher.
8. **Sofas** : lits de repos, divans.

guéridons, des tables et des miroirs, où l'on se voyait depuis les pieds jusqu'à la tête, et dont les bordures, les unes de glace, les autres d'argent et de vermeil doré[1], étaient les plus
55 belles et les plus magnifiques qu'on eût jamais vues. Elles ne cessaient d'exagérer et d'envier le bonheur de leur amie, qui cependant ne se divertissait point à voir toutes ces richesses, à cause de l'impatience qu'elle avait d'aller ouvrir le cabinet de l'appartement bas. Elle fut si pressée de sa curiosité, que
60 sans considérer qu'il était malhonnête[2] de quitter sa compagnie, elle y descendit par un petit escalier dérobé et avec tant de précipitation, qu'elle pensa[3] se rompre le cou deux ou trois fois. Étant arrivée à la porte du cabinet, elle s'y arrêta quelque temps, songeant à la défense que son mari lui avait
65 faite, et considérant qu'il pourrait lui arriver malheur d'avoir été désobéissante ; mais la tentation était si forte qu'elle ne put la surmonter : elle prit donc la petite clef et ouvrit en tremblant la porte du cabinet. D'abord elle ne vit rien, parce que les fenêtres étaient fermées ; après quelques moments elle
70 commença à voir que le plancher était tout couvert de sang caillé, et que dans ce sang se miraient[4] les corps de plusieurs femmes mortes et attachées le long des murs (c'était toutes les femmes que la Barbe bleue avait épousées et qu'il avait égorgées l'une après l'autre). Elle pensa mourir de peur, et la
75 clef du cabinet qu'elle venait de retirer de la serrure lui tomba de la main. Après avoir un peu repris ses esprits, elle ramassa la clef, referma la porte et monta à sa chambre pour se remettre un peu ; mais elle n'en pouvait venir à bout, tant elle était émue. Ayant remarqué que la clef du cabinet était
80 tachée de sang, elle l'essuya deux ou trois fois, mais le sang ne s'en allait point ; elle eut beau la laver, et même la frotter

---

1. **Vermeil doré** : alliage d'argent et d'or, recouvert d'une pellicule d'or.
2. **Malhonnête** : impoli.
3. **Elle pensa se rompre le cou** : elle faillit se rompre le cou.
4. **Se miraient** : se reflétaient.

avec du sablon[1] et avec du grès[2], il y demeura toujours du sang, car la clef était fée[3], et il n'y avait pas moyen de la nettoyer tout à fait : quand on ôtait le sang d'un côté, il
85 revenait de l'autre. La Barbe bleue revint de son voyage dès le soir même, et dit qu'il avait reçu des lettres dans le chemin, qui lui avaient appris que l'affaire pour laquelle il était parti venait d'être terminée à son avantage. Sa femme fit tout ce qu'elle put pour lui témoigner qu'elle était ravie de son
90 prompt retour. Le lendemain il lui redemanda les clefs, et elle les lui donna, mais d'une main si tremblante, qu'il devina sans peine tout ce qui s'était passé.

« D'où vient, lui dit-il, que la clef du cabinet n'est point avec les autres ?
95 – Il faut, dit-elle, que je l'aie laissée là-haut sur ma table.

– Ne manquez pas, dit la Barbe bleue, de me la donner tantôt[4]. »

Après plusieurs remises[5], il fallut apporter la clef. La Barbe bleue, l'ayant considérée[6], dit à sa femme :
100 « Pourquoi y a-t-il du sang sur cette clef ?

– Je n'en sais rien, répondit la pauvre femme, plus pâle que la mort.

– Vous n'en savez rien, reprit la Barbe bleue, je le sais bien, moi ; vous avez voulu entrer dans le cabinet ! Hé bien,
105 Madame, vous y entrerez, et irez prendre votre place auprès des dames que vous y avez vues. »

Elle se jeta aux pieds de son mari, en pleurant et en lui demandant pardon, avec toutes les marques d'un vrai repentir de n'avoir pas été obéissante. Elle aurait attendri un
110 rocher, belle et affligée comme elle était ; mais la Barbe bleue avait le cœur plus dur qu'un rocher.

---

1. **Sablon** : sable à grains très fins, utilisé pour nettoyer la vaisselle.
2. **Grès** : terre glaise mélangée à du sable fin.
3. **Fée** : participe passé de *féer*, signifiant « ensorceler ». Ici, enchantée.
4. **Tantôt** : bientôt.
5. **Remises** : actions de remettre à plus tard.
6. **Considérée** : regardée attentivement.

« Il faut mourir, Madame, lui dit-il, et tout à l'heure[1].

– Puisqu'il faut mourir, répondit-elle, en le regardant les yeux baignés de larmes, donnez-moi un peu de temps pour
115 prier Dieu.

– Je vous donne un demi-quart d'heure, reprit la Barbe bleue, mais pas un moment davantage. »

Lorsqu'elle fut seule, elle appela sa sœur, et lui dit :

« Ma sœur Anne (car elle s'appelait ainsi), monte, je te
120 prie, sur le haut de la tour, pour voir si mes frères ne viennent point ; ils m'ont promis qu'ils me viendraient voir aujourd'hui, et si tu les vois, fais-leur signe de se hâter. »

La sœur Anne monta sur le haut de la tour, et la pauvre affligée lui criait de temps en temps :
125 « Anne, ma sœur Anne, ne vois-tu rien venir ? »

Et la sœur Anne lui répondait :

« Je ne vois rien que le soleil qui poudroie[2] et l'herbe qui verdoie. »

Cependant la Barbe bleue, tenant un grand coutelas à sa
130 main, criait de toute sa force à sa femme :

« Descends vite, ou je monterai là-haut.

– Encore un moment, s'il vous plaît », lui répondait sa femme ; et aussitôt elle criait tout bas :

« Anne, ma sœur Anne, ne vois-tu rien venir ? »
135 Et la sœur Anne répondait :

« Je ne vois rien que le soleil qui poudroie et l'herbe qui verdoie.

– Descends donc vite, criait la Barbe bleue, ou je monterai là-haut.
140 – Je m'en vais » répondait sa femme, et puis elle criait :

« Anne, ma sœur Anne, ne vois-tu rien venir ?

– Je vois, répondit la sœur Anne, une grosse poussière qui vient de ce côté-ci.

– Sont-ce mes frères ?

---

1. **Tout à l'heure :** immédiatement.
2. **Poudroie :** a l'apparence de la poudre.

145 — Hélas ! non ma sœur, c'est un troupeau de moutons.

— Ne veux-tu pas descendre ? criait la Barbe bleue.

— Encore un moment » répondait sa femme ; et puis elle criait :

« Anne, ma sœur Anne, ne vois-tu rien venir ?

150 — Je vois, répondit-elle, deux cavaliers qui viennent de ce côté-ci, mais ils sont bien loin encore... Dieu soit loué, s'écria-t-elle un moment après, ce sont mes frères ; je leur fais signe tant que je puis de se hâter. »

La Barbe bleue se mit à crier si fort que toute la maison
155 en trembla. La pauvre femme descendit, et alla se jeter à ses pieds tout éplorée[1], et tout échevelée.

« Cela ne sert de rien, dit la Barbe bleue, il faut mourir. »

Puis la prenant d'une main par les cheveux, et de l'autre levant le coutelas en l'air, il allait lui abattre la tête. La pauvre
160 femme se tournant vers lui, et le regardant avec des yeux mourants, le pria de lui donner un petit moment pour se recueillir.

« Non, non, dit-il, recommande-toi bien à Dieu » ; et levant son bras... Dans ce moment on heurta si fort à la
165 porte, que la Barbe bleue s'arrêta tout court : on ouvrit, et aussitôt on vit entrer deux cavaliers, qui mettant l'épée à la main, coururent droit à la Barbe bleue. Il reconnut que c'était les frères de sa femme, l'un dragon[2] et l'autre mousque-taire[3], de sorte qu'il s'enfuit aussitôt pour se sauver[4] ; mais
170 les deux frères le poursuivirent de si près, qu'ils l'attrapèrent avant qu'il pût gagner le perron. Ils lui passèrent leur épée au travers du corps, et le laissèrent mort. La pauvre femme était presque aussi morte que son mari et n'avait pas la force de se lever pour embrasser ses frères. Il se trouva que la Barbe
175 bleue n'avait point d'héritiers, et qu'ainsi sa femme demeura

---

1. **Éplorée** : en pleurs.
2. **Dragon** : soldat à cheval armé d'un fusil ou d'une baïonnette.
3. **Mousquetaire** : soldat à cheval armé d'un mousquet (arme à feu).
4. **Se sauver** : sauver sa vie.

maîtresse de tous ses biens. Elle en employa une partie à
marier sa sœur Anne avec un jeune gentilhomme, dont elle
était aimée depuis longtemps ; une autre partie à acheter des
charges[1] de capitaine à ses deux frères ; et le reste à se marier
180 elle-même à un fort honnête homme, qui lui fit oublier le
mauvais temps qu'elle avait passé avec la Barbe bleue.

MORALITÉ

La curiosité, malgré tous ses attraits,
Coûte souvent bien des regrets ;
On en voit tous les jours mille exemples paraître.
185 *C'est, n'en déplaise au sexe[2], un plaisir bien léger ;*
Dès qu'on le prend il cesse d'être,
Et toujours il coûte trop cher.

AUTRE MORALITÉ

Pour peu qu'on ait l'esprit sensé,
Et que du monde on sache le grimoire[3],
190 *On voit bientôt que cette histoire*
Est un conte du temps passé ;
Il n'est plus d'époux si terrible,
Ni qui demande l'impossible,
Fût-il malcontent[4] et jaloux.
195 *Près de sa femme on le voit filer doux ;*
Et de quelque couleur que sa barbe puisse être,
On a peine à juger qui des deux est le maître.

1. **Charges** : fonctions publiques qu'on achetait et qu'on pouvait transmettre
héréditairement.
2. **Sexe** : le beau sexe, c'est-à-dire les femmes.
3. **Grimoire** : texte obscur, mystérieux, difficile à comprendre. « Du monde,
savoir le grimoire » signifie « connaître la vie ».
4. **Malcontent** : mécontent.

Les personnages

• Faites la liste de tous les personnages.
• Relevez les éléments qui caractérisent la Barbe bleue. Quels sentiments inspire-t-il ?
• Faites le schéma actantiel du conte : qui est le sujet ? Quel est l'objet de la quête ? Qui sont les adjuvants ? les opposants ? le destinateur¹ ? le destinataire ?
• Comment décririez-vous le caractère de la cadette ? Vous paraît-elle mériter ce qui lui arrive ?

L'histoire

• Énumérez les étapes du récit en distinguant la situation initiale, la situation finale, l'élément modificateur. Quelle est la transformation opérée ?
• Que se passe-t-il avant le mariage entre la Barbe bleue et la cadette ? Relevez tout ce qui contribue à faire obstacle à ce mariage. Pour quelles raisons le mariage a-t-il finalement lieu ?
• Quelle raison pousse la jeune fille à ouvrir le petit cabinet malgré l'interdiction ? Quel trait du caractère de la jeune fille révèle-t-elle ? En quoi ce trait de caractère explique-t-il aussi la décision qu'elle a prise d'épouser la Barbe bleue ?

Les thèmes

• Relevez les éléments surnaturels du conte. Sont-ils indispensables au déroulement de l'action ?
• Quels éléments contribuent à rendre l'histoire effrayante ?
• À quels moments le récit entretient-il un suspense ? Comment ce suspense est-il ménagé ?
• Comparez les deux morales. Vous semblent-elles aller dans le même sens, se contredire ou se compléter ?

De la lecture à l'écriture

• Récrivez ce conte comme une nouvelle policière contemporaine.

LE MAÎTRE CHAT
OU LE CHAT BOTTÉ

UN MEUNIER ne laissa pour tous biens à trois enfants qu'il avait, que son moulin, son âne, et son chat. Les partages furent bientôt faits, ni le notaire, ni le procureur[1] n'y furent point appelés. Ils auraient eu bientôt mangé tout le pauvre
5 patrimoine[2]. L'aîné eut le moulin, le second eut l'âne, et le plus jeune n'eut que le chat. Ce dernier ne pouvait se consoler d'avoir un si pauvre lot : « Mes frères, disait-il, pourront gagner leur vie honnêtement en se mettant ensemble ; pour moi, lorsque j'aurai mangé mon chat, et que je me serai fait
10 un manchon[3] de sa peau, il faudra que je meure de faim. » Le Chat qui entendait ce discours, mais qui n'en fit pas semblant[4], lui dit d'un air posé et sérieux :
« Ne vous affligez point, mon maître, vous n'avez qu'à me donner un sac, et me faire faire une paire de bottes pour aller
15 dans les broussailles, et vous verrez que vous n'êtes pas si mal partagé[5] que vous croyez. »
Quoique le maître du Chat ne fît pas grand fond[6] là-dessus, il lui avait vu faire tant de tours de souplesse, pour prendre des rats et des souris, comme quand il se pendait par
20 les pieds, ou qu'il se cachait dans la farine pour faire le mort, qu'il ne désespéra pas d'en être secouru dans sa misère.

---

1. **Procureur** : officier de justice chargé d'exécuter un acte légal, ici de partager l'héritage.
2. **Patrimoine** : ensemble des biens transmis par héritage.
3. **Manchon** : fourreau de tissu ou de fourrure dans lequel on met les mains pour les protéger du froid.
4. **N'en fit pas semblant** : fit semblant de ne pas avoir entendu ou compris.
5. **Vous n'êtes pas si mal partagé** : vous n'êtes pas défavorisé par le partage.
6. **Ne fit pas grand fond là-dessus** : n'en espéra pas grand-chose.

Au secours, voilà M. le Marquis de Carabas qui se noie !
Gravure d'après Gustave Doré pour les Éditions Hetzel (1861).

Lorsque le Chat eut ce qu'il avait demandé, il se botta bravement[1], et mettant son sac à son cou, il en prit les cordons avec ses deux pattes de devant, et s'en alla dans une garenne[2]
25 où il y avait grand nombre de lapins. Il mit du son et des lasserons[3] dans son sac, et s'étendant comme s'il eût été mort, il attendit que quelque jeune lapin, peu instruit encore des ruses de ce monde, vînt se fourrer dans son sac pour manger ce qu'il y avait mis. À peine fut-il couché, qu'il eut
30 contentement ; un jeune étourdi de lapin entra dans son sac et le Maître Chat tirant aussitôt les cordons le prit et le tua sans miséricorde. Tout glorieux de sa proie, il s'en alla chez le roi et demanda à lui parler. On le fit monter à l'appartement de Sa Majesté, où étant entré il fit une grande révérence
35 au roi, et lui dit :

« Voilà, Sire, un lapin de garenne que Monsieur le Marquis de Carabas (c'était le nom qu'il lui prit en gré[4] de donner à son maître) m'a chargé de vous présenter de sa part.

– Dis à ton maître, répondit le roi, que je le remercie, et
40 qu'il me fait plaisir. »

Une autre fois, il alla se cacher dans un blé[5], tenant toujours son sac ouvert ; et lorsque deux perdrix y furent entrées, il tira les cordons, et les prit toutes deux. Il alla ensuite les présenter au roi, comme il avait fait le lapin de garenne. Le
45 roi reçut encore avec plaisir les deux perdrix, et lui fit donner pour boire[6]. Le Chat continua ainsi pendant deux ou trois mois à porter de temps en temps au roi du gibier de la chasse de son maître. Un jour qu'il sut que le roi devait aller à la promenade sur le bord de la rivière avec sa fille, la plus belle
50 princesse du monde, il dit à son maître :

---

1. **Bravement** : bien.
2. **Garenne** : réserve de gibier, zone où les lapins vivent à l'état sauvage.
3. **Lasserons** : herbes sauvages particulièrement appréciées par les lapins.
4. **Qu'il lui prit en gré de donner** : qu'il décida de donner.
5. **Blé** : ici, champ de blé.
6. **Donner pour boire** : donner à boire.

« Si vous voulez suivre mon conseil, votre fortune est faite : vous n'avez qu'à vous baigner dans la rivière à l'endroit que je vous montrerai, et ensuite me laisser faire. »

Le Marquis de Carabas fit ce que son Chat lui conseillait,
55 sans savoir à quoi cela serait bon. Dans le temps qu'il se baignait, le roi vint à passer, et le Chat se mit à crier de toute sa force :

« Au secours, au secours, voilà Monsieur le Marquis de Carabas qui se noie ! »

60 À ce cri, le roi mit la tête à la portière, et reconnaissant le chat qui lui avait apporté tant de fois du gibier, il ordonna à ses gardes qu'on allât vite au secours de Monsieur le Marquis de Carabas. Pendant qu'on retirait le pauvre marquis de la rivière, le Chat s'approcha du carrosse, et dit au roi que
65 dans le temps que son maître se baignait, il était venu des voleurs qui avaient emporté ses habits, quoiqu'il eût crié au voleur de toute sa force ; le drôle[1] les avait cachés sous une grosse pierre. Le roi ordonna aussitôt aux officiers de sa garde-robe d'aller quérir un de ses plus beaux habits pour
70 Monsieur le Marquis de Carabas. Le roi lui fit mille caresses[2], et comme les beaux habits qu'on venait de lui donner relevaient sa bonne mine (car il était beau, et bien fait de sa personne), la fille du roi le trouva fort à son gré, et le Marquis de Carabas ne lui eut pas jeté deux ou trois regards
75 fort respectueux, et un peu tendres, qu'elle en devint amoureuse à la folie. Le roi voulut qu'il montât dans son carrosse, et qu'il fût de la promenade. Le Chat, ravi de voir que son dessein[3] commençait à réussir, prit les devants, et ayant rencontré des paysans qui fauchaient un pré, il leur dit :
80 « Bonnes gens qui fauchez, si vous ne dites au roi que le pré que vous fauchez appartient à Monsieur le Marquis de Carabas, vous serez tous hachés menu comme chair à pâté. »

---

1. **Drôle** : coquin, filou.
2. **Lui fit mille caresses** : lui témoigna chaleureusement son amitié.
3. **Dessein** : but, objectif.

Le roi ne manqua pas à demander aux faucheux à qui était ce pré qu'ils fauchaient.

85 « C'est à Monsieur le Marquis de Carabas », dirent-ils tous ensemble, car la menace du Chat leur avait fait peur.

« Vous avez là un bel héritage[1], dit le roi au marquis de Carabas.

– Vous voyez, Sire, répondit le marquis, c'est un pré qui 90 ne manque point de rapporter abondamment toutes les années. »

Le Maître Chat, qui allait toujours devant, rencontra des moissonneurs et leur dit :

« Bonnes gens qui moissonnez, si vous ne dites pas que ces 95 blés appartiennent à Monsieur le Marquis de Carabas, vous serez tous hachés menu comme chair à pâté. »

Le roi, qui passa un moment après, voulut savoir à qui appartenaient tous les blés qu'il voyait.

« C'est à Monsieur le Marquis de Carabas », répondirent 100 les moissonneurs, et le roi s'en réjouit encore avec le marquis. Le Chat, qui allait devant le carrosse, disait toujours la même chose à tous ceux qu'il rencontrait ; et le roi était étonné des grands biens de Monsieur le Marquis de Carabas. Le Maître Chat arriva enfin dans un beau château dont le maître était 105 un ogre, le plus riche qu'on ait jamais vu, car toutes les terres par où le roi avait passé étaient de la dépendance de ce château. Le Chat, qui eut soin de s'informer qui était cet ogre, et ce qu'il savait faire, demanda à lui parler, disant qu'il n'avait pas voulu passer si près de son château, sans avoir 110 l'honneur de lui faire la révérence. L'ogre le reçut aussi civilement[2] que le peut un ogre, et le fit reposer[3].

« On m'a assuré, dit le Chat, que vous aviez le don de vous changer en toute sorte d'animaux, que vous pouviez par exemple vous transformer en lion, en éléphant ?

---

1. **Héritage** : ici, domaine.
2. **Civilement** : poliment.
3. **Le fit reposer** : lui proposa de se reposer.

115 — Cela est vrai, répondit l'ogre brusquement, et pour vous le montrer, vous m'allez voir devenir lion. »

Le Chat fut si effrayé de voir un lion devant lui, qu'il gagna aussitôt les gouttières, non sans peine et sans péril, à cause de ses bottes qui ne valaient rien pour marcher sur les tuiles.

120 Quelque temps après, le Chat, ayant vu que l'ogre avait quitté sa première forme, descendit, et avoua qu'il avait eu bien peur.

« On m'a assuré encore, dit le Chat, mais je ne saurais le croire, que vous aviez aussi le pouvoir de prendre la forme

125 des plus petits animaux, par exemple, de vous changer en un rat, en une souris ; je vous avoue que je tiens cela tout à fait impossible.

— Impossible ? reprit l'ogre, vous allez voir », et en même temps il se changea en une souris, qui se mit à courir sur le

130 plancher. Le Chat ne l'eut pas plus tôt aperçue qu'il se jeta dessus et la mangea. Cependant, le roi, qui vit en passant le beau château de l'ogre, voulut entrer dedans. Le Chat, qui entendit le bruit du carrosse qui passait sur le pont-levis, courut au-devant, et dit au roi :

135 « Votre Majesté soit la bienvenue dans le château de Monsieur le Marquis de Carabas.

— Comment, Monsieur le Marquis, s'écria le roi, ce château est encore à vous ! Il ne se peut rien de plus beau que cette cour et que tous ces bâtiments qui l'environnent ;

140 voyons les dedans, s'il vous plaît. »

Le marquis donna la main à la jeune princesse, et suivant le roi qui montait le premier, ils entrèrent dans une grande salle où ils trouvèrent une magnifique collation que l'ogre avait fait préparer pour ses amis qui le devaient venir voir ce

145 même jour-là, mais qui n'avaient pas osé entrer, sachant que le roi y était. Le roi, charmé des bonnes qualités de Monsieur le Marquis de Carabas, de même que sa fille qui en était folle, et voyant les grands biens qu'il possédait, lui dit, après avoir bu cinq ou six coups :

150 « Il ne tiendra qu'à vous, Monsieur le Marquis, que vous ne soyez mon gendre. »

Le marquis, faisant de grandes révérences, accepta l'honneur que lui faisait le roi, et dès le même jour épousa la princesse. Le Chat devint grand seigneur, et ne courut plus 155 après les souris que pour se divertir.

MORALITÉ

Quelque grand que soit l'avantage
De jouir d'un riche héritage
Venant à nous de père en fils,
Aux jeunes gens pour l'ordinaire[1],
160 *L'industrie[2] et le savoir-faire*
Valent mieux que des biens acquis.

AUTRE MORALITÉ

Si le fils d'un meunier, avec tant de vitesse,
 Gagne le cœur d'une princesse,
Et s'en fait regarder avec des yeux mourants[3],
165 *C'est que l'habit, la mine et la jeunesse,*
 Pour inspirer de la tendresse,
N'en sont pas des moyens toujours indifférents.

---

1. **Pour l'ordinaire :** en général.
2. **Industrie :** habileté, intelligence.
3. **Mourants :** expression figurée pour « pleins d'amour ».

L'histoire

• Résumez l'action du conte.
• Reprenez votre résumé en précisant chaque étape successive et en dégageant la situation initiale et la situation finale.
• Quelle est la transformation opérée ?
• Quels épisodes se répètent dans le conte ? À votre avis, quelle signification ont ces répétitions ?

Les personnages

• Quel est, à votre avis, le héros du conte ? À qui le lecteur a-t-il envie de s'identifier ?
• Faites le schéma actantiel du conte en prenant le maître du Chat comme sujet.
• Faites ensuite le schéma actantiel du conte en prenant le Chat comme sujet.
• En quoi se distinguent les caractères des deux personnages ?
• Pourquoi, selon vous, l'animal héros du conte est-il un chat ? Quel autre animal pourriez-vous imaginer pour remplir le même rôle ?
• L'objet de la quête des deux personnages est-il identique ?

Les thèmes

• Que manque-t-il au jeune homme au début du conte ?
• Comment le Chat s'y prend-il pour impressionner le roi en faveur du jeune homme ? Quel dicton populaire pourrait résumer cet aspect du conte ?
• Quel est le thème commun entre *La Barbe bleue* et *Le Chat botté* ? Est-ce le thème principal du *Chat botté* ?
• Relevez dans le récit tout ce qui est invraisemblable. Cela vous gêne-t-il ?

Le récit et le style

• Relevez quelques termes ou tournures vieillis. Quel effet produisent-ils sur la tonalité, l'atmosphère du conte ?

• Faites la liste des phrases ou des formules qui sont employées plusieurs fois. En connaissez-vous dans d'autres contes ? Quelle est la
fonction de ces formules ?
• Relevez des traits d'humour.
• Comparez les deux morales du conte. Quelle est, à votre avis, la
plus importante ?

DE LA LECTURE À L'ÉCRITURE

• Imaginez une autre version de ce conte avec un autre animal et dans
le monde d'aujourd'hui.
• Et si l'Ogre avait tué le Chat ? Récrivez l'histoire et faites en sorte
que le fils du meunier épouse la princesse par ses propres moyens.

Elle puisa de l'eau au plus bel endroit de la fontaine
et la lui présenta, soutenant toujours la cruche,
afin qu'elle bût plus aisément.
Illustration de Lix, vers 1900.

LES FÉES

IL ÉTAIT UNE FOIS une veuve qui avait deux filles ; l'aînée lui
ressemblait si fort et d'humeur[1] et de visage, que qui la
voyait voyait la mère. Elles étaient toutes deux si désagréables
et si orgueilleuses qu'on ne pouvait vivre avec elles. La
5 cadette, qui était le vrai portrait de son père pour la douceur
et pour l'honnêteté[2], était avec cela une des plus belles filles
qu'on eût su voir. Comme on aime naturellement son sem-
blable, cette mère était folle de sa fille aînée, et en même
temps avait une aversion effroyable pour la cadette. Elle la
10 faisait manger à la cuisine et travailler sans cesse.

Il fallait entre autres choses que cette pauvre enfant allât
deux fois le jour puiser de l'eau à une grande demi-lieue[3] du
logis, et qu'elle en rapportât plein une grande cruche. Un jour
qu'elle était à cette fontaine, il vint à elle une pauvre femme
15 qui la pria de lui donner à boire.

« Oui-da[4], ma bonne mère », dit cette belle fille ; et rinçant
aussitôt sa cruche, elle puisa de l'eau au plus bel endroit de
la fontaine et la lui présenta, soutenant toujours la cruche
afin qu'elle bût plus aisément. La bonne femme, ayant bu, lui
20 dit :

« Vous êtes si belle, si bonne et si honnête, que je ne puis
m'empêcher de vous faire un don (car c'était une fée qui avait
pris la forme d'une pauvre femme de village, pour voir jusqu'où irait l'honnêteté de cette jeune fille). Je vous donne
25 pour don, poursuivit la fée, qu'à chaque parole que vous

---

1. **Humeur** : tempérament, caractère.
2. **Honnêteté** : politesse, amabilité.
3. **Demi-lieue** : environ deux kilomètres.
4. **Da** : particule d'usage familier, servant à renforcer une affirmation ou
une négation.

direz, il vous sortira de la bouche ou une fleur ou une pierre précieuse. »

Lorsque cette belle fille arriva au logis, sa mère la gronda de revenir si tard de la fontaine.

30 « Je vous demande pardon, ma mère, dit cette pauvre fille, d'avoir tardé si longtemps » ; et en disant ces mots, il lui sortit de la bouche deux roses, deux perles et deux gros diamants.

« Que vois-je là ! dit sa mère tout étonnée ; je crois qu'il
35 lui sort de la bouche des perles et des diamants ; d'où vient cela, ma fille ? » (ce fut là la première fois qu'elle l'appela sa fille). La pauvre enfant lui raconta naïvement tout ce qui lui était arrivé, non sans jeter une infinité de diamants.

« Vraiment, dit la mère, il faut que j'y envoie ma fille ;
40 tenez, Fanchon, voyez ce qui sort de la bouche de votre sœur quand elle parle ; ne seriez-vous pas bien aise d'avoir le même don ? Vous n'avez qu'à aller puiser de l'eau à la fontaine, et, quand une pauvre femme vous demandera à boire, lui en donner bien honnêtement.

45 – Il me ferait beau voir[1], répondit la brutale, aller à la fontaine.

– Je veux que vous y alliez, reprit la mère, et tout à l'heure[2]. »

Elle y alla, mais toujours en grondant[3]. Elle prit le plus
50 beau flacon d'argent qui fût dans le logis. Elle ne fut pas plus tôt arrivée à la fontaine qu'elle vit sortir du bois une dame magnifiquement vêtue qui vint lui demander à boire : c'était la même fée qui avait apparu à sa sœur, mais qui avait pris l'air et les habits d'une princesse, pour voir jusqu'où irait la
55 malhonnêteté[4] de cette fille.

---

1. **Il me ferait beau voir** : il serait incroyable (que j'aille à la fontaine).
2. **Tout à l'heure** : ici, tout de suite.
3. **En grondant** : en protestant, en exprimant son mécontentement.
4. **Malhonnêteté** : rudesse, méchanceté.

« Est-ce que je suis ici venue, lui dit cette brutale orgueil-leuse, pour vous donner à boire ? Justement j'ai apporté un flacon d'argent tout exprès pour donner à boire à Madame ! J'en suis d'avis, buvez à même si vous voulez.

60 – Vous n'êtes guère honnête, reprit la fée, sans se mettre en colère ; eh bien ! puisque vous êtes si peu obligeante[1], je vous donne pour don qu'à chaque parole que vous direz, il vous sortira de la bouche ou un serpent ou un crapaud. »

D'abord que[2] sa mère l'aperçut, elle lui cria :

65 « Eh bien, ma fille ?

– Eh bien, ma mère ! » lui répondit la brutale, en jetant deux vipères et deux crapauds.

« Ô Ciel ! s'écria la mère, que vois-je là ? C'est sa sœur qui en est cause, elle me le paiera » ; et aussitôt elle courut pour
70 la battre. La pauvre enfant s'enfuit, et alla se sauver dans la forêt prochaine[3]. Le fils du roi qui revenait de la chasse la rencontra et la voyant si belle, lui demanda ce qu'elle faisait là toute seule et ce qu'elle avait à pleurer.

« Hélas ! Monsieur, c'est ma mère qui m'a chassée du
75 logis. »

Le fils du roi, qui vit sortir de sa bouche cinq ou six perles, et autant de diamants, la pria de lui dire d'où cela lui venait. Elle lui conta toute son aventure. Le fils du roi en devint amoureux, et considérant qu'un tel don valait mieux que tout
80 ce qu'on pouvait donner en mariage à une autre, l'emmena au palais du roi son père, où il l'épousa. Pour sa sœur, elle se fit tant haïr, que sa propre mère la chassa de chez elle ; et la malheureuse, après avoir bien couru sans trouver personne qui voulût la recevoir, alla mourir au coin d'un bois.

---

1. **Obligeante** : serviable.
2. **D'abord que** : dès que.
3. **Prochaine** : proche.

MORALITÉ

85   *Les diamants et les pistoles*[1]
        Peuvent beaucoup sur les esprits ;
        Cependant les douces paroles
  Ont encor plus de force et sont d'un plus grand prix.

AUTRE MORALITÉ

        L'honnêteté coûte des soins[2],
90   *Et veut un peu de complaisance*[3],
      Mais tôt ou tard elle a sa récompense,
  Et souvent dans le temps[4] *qu'on y pense le moins.*

---

1. **Pistoles :** pièces d'or.
2. **Coûte des soins :** donne du mal.
3. **Veut un peu de complaisance :** suppose qu'on soit serviable.
4. **Dans le temps que :** au moment où.

L'HISTOIRE ET LES PERSONNAGES

• Résumez l'histoire.
• Quels sont les personnages ? Qui est le personnage principal ?
• Faites le schéma actantiel du conte du point de vue de la cadette : qui sont les opposants ? Qui sont les adjuvants ? Peut-on parler d'une quête de l'héroïne ? Quel est l'objet de la quête ?
• Reprenez votre résumé étape par étape : quelle est la situation initiale ? Quelle est la situation finale ?
• Montrez que la situation finale est une inversion point par point de la situation initiale.
• Faites le schéma actantiel du conte du point de vue de ceux qui s'opposent à la cadette. Qui est maintenant le sujet ? Qui sont les opposants ? Quel est l'objet de la quête ? Quel est le destinateur ? le destinataire ?
• Montrez, en vous reportant précisément au texte, que le conte est composé de deux histoires parfaitement symétriques.
• Comparez les caractères des deux jeunes filles. Montrez qu'ils s'opposent point par point.
• Le comportement de la sœur aînée vous paraît-il logique ? Comment s'explique-t-il ?

LES THÈMES

• Quel don reçoit chacune des deux jeunes filles de la Fée ? Quel sens symbolique peut-on donner à ces deux dons ?
• Quel est le châtiment de la sœur aînée ? Vous paraît-il mérité ? Est-elle entièrement responsable de ce qui lui arrive ? Pourquoi ?

DE LA LECTURE À L'ÉCRITURE

• Récrivez le conte en imaginant une fin plus heureuse pour la sœur aînée et en punissant la mère.
• Inventez une histoire dont vous seriez le héros ou l'héroïne et où vous recevriez un don ou un pouvoir magique.

Approchant la pantoufle de son petit pied,
il vit qu'elle y entrait sans peine
et qu'elle y était juste comme de cire.
Gravure d'après Gustave Doré pour les Éditions Hetzel, 1861.

CENDRILLON OU LA PETITE PANTOUFLE DE VERRE

IL ÉTAIT UNE FOIS un gentilhomme[1] qui épousa en secondes
noces une femme, la plus hautaine et la plus fière qu'on eût
jamais vue. Elle avait deux filles de son humeur[2], et qui lui
ressemblaient en toutes choses. Le mari avait de son côté une
5 jeune fille, mais d'une douceur et d'une bonté sans exemple ;
elle tenait cela de sa mère, qui était la meilleure personne du
monde. Les noces ne furent pas plus tôt faites, que la belle-
mère fit éclater sa mauvaise humeur ; elle ne put souffrir[3] les
bonnes qualités de cette jeune enfant, qui rendaient ses filles
10 encore plus haïssables. Elle la chargea des plus viles[4] occupations de la maison : c'était elle qui nettoyait la vaisselle et
les montées[5], qui frottait la chambre de Madame, et celles
de Mesdemoiselles ses filles ; elle couchait tout au haut de la
maison, dans un grenier, sur une méchante[6] paillasse, pen-
15 dant que ses sœurs étaient dans des chambres parquetées[7],
où elles avaient des lits des plus à la mode, et des miroirs où
elles se voyaient depuis les pieds jusqu'à la tête. La pauvre
fille souffrait tout avec patience, et n'osait s'en plaindre à son
père qui l'aurait grondée, parce que sa femme le gouvernait
20 entièrement. Lorsqu'elle avait fait son ouvrage, elle s'allait
mettre au coin de la cheminée, et s'asseoir dans les cendres,
ce qui faisait qu'on l'appelait communément dans le logis

---

1. **Gentilhomme :** homme appartenant à la noblesse.
2. **De son humeur :** ayant le même caractère qu'elle.
3. **Souffrir :** endurer, supporter.
4. **Viles occupations :** basses besognes.
5. **Montées :** escaliers.
6. **Une méchante paillasse :** une paillasse miteuse.
7. **Parquetées :** recouvertes de parquet.

Cucendron. La cadette, qui n'était pas si malhonnête[1] que son aînée, l'appelait Cendrillon ; cependant Cendrillon, avec
25 ses méchants habits, ne laissait pas[2] d'être cent fois plus belle que ses sœurs, quoique vêtues très magnifiquement.

Il arriva que le fils du roi donna un bal, et qu'il en pria[3] toutes les personnes de qualité[4] : nos deux demoiselles en furent aussi priées, car elles faisaient grande figure[5] dans le
30 pays. Les voilà bien aises[6] et bien occupées à choisir les habits et les coiffures qui leur siéraient[7] le mieux ; nouvelle peine pour Cendrillon, car c'était elle qui repassait le linge de ses sœurs et qui godronnait[8] leurs manchettes. On ne parlait que de la manière dont on s'habillerait.

35 « Moi, dit l'aînée, je mettrai mon habit de velours rouge et ma garniture d'Angleterre[9].

– Moi, dit la cadette, je n'aurai que ma jupe ordinaire ; mais en récompense[10], je mettrai mon manteau à fleurs d'or, et ma barrière de diamants[11], qui n'est pas des plus
40 indifférentes[12]. »

On envoya quérir[13] la bonne coiffeuse[14], pour dresser les

---

1. **Malhonnête** : mauvaise.
2. **Ne laissait pas d'être cent fois plus belle** : était cent fois plus belle.
3. **Pria** : invita.
4. **De qualité** : de naissance noble.
5. **Elles faisaient grande figure** : était considérées comme des personnes importantes.
6. **Aises** : contentes.
7. **Qui leur siéraient le mieux** : qui leur iraient le mieux.
8. **Godronnait** : ornait de plis.
9. **Garniture d'Angleterre** : parure de fine dentelle.
10. **En récompense** : en compensation.
11. **Barrière de diamants** : sorte de grosse broche de diamant, de forme allongée, comme une barrette.
12. **Qui n'est pas des plus indifférentes** : litote signifiant « qui est très belle ».
13. **On envoya quérir** : on envoya chercher.
14. **La bonne coiffeuse** : une bonne coiffeuse.

cornettes à deux rangs[1], et on fit acheter des mouches[2] de
la bonne faiseuse[3] : elle appelèrent Cendrillon pour lui
demander son avis, car elle avait le goût bon. Cendrillon les
45 conseilla le mieux du monde, et s'offrit même à les coiffer ;
ce qu'elles voulurent bien. En les coiffant, elles lui disaient :
« Cendrillon, serais-tu bien aise d'aller au bal ?
– Hélas, Mesdemoiselles, vous vous moquez de moi, ce
n'est pas là ce qu'il me faut.
50 – Tu as raison, on rirait bien si on voyait un cucendron
aller au bal. »
Une autre que Cendrillon les aurait coiffées de travers ;
mais elle était bonne, et elle les coiffa parfaitement bien. Elles
furent près de deux jours sans manger, tant elles étaient trans-
55 portées de joie. On rompit plus de douze lacets[4] à force de
les serrer pour leur rendre la taille plus menue, et elles étaient
toujours devant leur miroir. Enfin l'heureux jour arriva, on
partit, et Cendrillon les suivit des yeux le plus longtemps
qu'elle put ; lorsqu'elle ne les vit plus, elle se mit à pleurer.
60 Sa marraine, qui la vit tout en pleurs, lui demanda ce qu'elle
avait.
« Je voudrais bien... je voudrais bien... »
Elle pleurait si fort qu'elle ne put achever. Sa marraine, qui
était fée, lui dit :
65 « Tu voudrais bien aller au bal, n'est-ce pas ?
– Hélas oui, dit Cendrillon en soupirant.
– Eh bien, seras-tu bonne fille ? dit sa marraine, je t'y ferai
aller. »
Elle la mena dans sa chambre, et lui dit :
70 « Va dans le jardin et apporte-moi une citrouille. »
Cendrillon alla aussitôt cueillir la plus belle qu'elle put

---

1. **Cornettes à deux rangs** : coiffes féminines en tissu dont les extrémités
évoquent une paire de cornes.
2. **Mouches** : petits morceaux ronds de tissu noir que les femmes
appliquaient sur leur joue pour faire ressortir la blancheur de leur peau.
3. **La bonne faiseuse** : une bonne couturière.
4. **Lacets** : cordons servant à maintenir le corset serré.

trouver, et la porta à sa marraine, ne pouvant deviner comment cette citrouille la pourrait faire aller au bal. Sa marraine la creusa, et n'ayant laissé que l'écorce, la frappa de sa
75 baguette, et la citrouille fut aussitôt changée en un beau carrosse tout doré. Ensuite elle alla regarder dans sa souricière, où elle trouva six souris toutes en vie ; elle dit à Cendrillon de lever un peu la trappe de la souricière, et à chaque souris qui sortait, elle lui donnait un coup de sa baguette, et la
80 souris était aussitôt changée en un beau cheval ; ce qui fit un bel attelage de six chevaux, d'un beau gris de souris pommelé[1]. Comme elle était en peine[2] de quoi elle ferait un cocher :

« Je vais voir, dit Cendrillon, s'il n'y a point quelque rat
85 dans la ratière, nous en ferons un cocher.

– Tu as raison, dit sa marraine, va voir. »

Cendrillon lui apporta la ratière, où il y avait trois gros rats. La fée en prit un d'entre les trois, à cause de sa maîtresse barbe[3], et l'ayant touché, il fut changé en un gros cocher,
90 qui avait une des plus belles moustaches qu'on ait jamais vues. Ensuite elle lui dit :

« Va dans le jardin, tu y trouveras six lézards derrière l'arrosoir, apporte-les-moi. »

Elle ne les eut pas plus tôt apportés que la marraine les
95 changea en six laquais, qui montèrent aussitôt derrière le carrosse avec leurs habits chamarrés[4], et qui s'y tenaient attachés, comme s'ils n'eussent fait autre chose toute leur vie. La fée dit alors à Cendrillon :

« Eh bien, voilà de quoi aller au bal, n'es-tu pas bien aise ?
100 – Oui, mais est-ce que j'irai comme cela avec mes vilains habits ? »

---

1. **Pommelé** : se dit de la robe d'un cheval quand elle est couverte de petites taches rondes, grises ou blanches.
2. **Elle était en peine de quoi elle ferait un cocher** : elle cherchait quelque chose pour en faire un cocher.
3. **Maîtresse barbe** : barbe imposante.
4. **Chamarrés** : richement décorés d'ornements éclatants.

Sa marraine ne fit que la toucher avec sa baguette, et en même temps ses habits furent changés en des habits de drap d'or et d'argent tout chamarrés de pierreries ; elle lui donna
105 ensuite une paire de pantoufles de verre, les plus jolies du monde. Quand elle fut ainsi parée, elle monta en carrosse ; mais sa marraine lui recommanda sur toutes choses de ne pas passer minuit, l'avertissant que si elle demeurait au bal un moment davantage, son carrosse redeviendrait citrouille, ses
110 chevaux des souris, ses laquais des lézards, et que ses vieux habits reprendraient leur première forme. Elle promit à sa marraine qu'elle ne manquerait pas de sortir du bal avant minuit. Elle part, ne se sentant pas de joie. Le fils du roi, qu'on alla avertir qu'il venait d'arriver une grande princesse
115 qu'on ne connaissait point, courut la recevoir ; il lui donna la main à la descente du carrosse et la mena dans la salle où était la compagnie. Il se fit alors un grand silence ; on cessa de danser et les violons ne jouèrent plus, tant on était attentif à contempler les grandes beautés de cette inconnue. On
120 n'entendait qu'un bruit confus : « Ah, qu'elle est belle ! » Le roi même, tout vieux qu'il était, ne laissait pas[1] de la regarder, et de dire tout bas à la reine qu'il y avait longtemps qu'il n'avait vu une si belle et si aimable personne. Toutes les dames étaient attentives à considérer[2] sa coiffure et ses
125 habits, pour en avoir dès le lendemain de semblables, pourvu qu'il se trouvât des étoffes assez belles, et des ouvriers assez habiles. Le fils du roi la mit à la place la plus honorable[3], et ensuite la prit pour la mener danser. Elle dansa avec tant de grâce qu'on l'admira encore davantage. On apporta une fort
130 belle collation[4] dont le jeune prince ne mangea point, tant il était occupé à la considérer. Elle alla s'asseoir auprès de ses

---

1. **Ne laissait pas** : ne cessait pas.
2. **Considérer** : observer avec attention.
3. **La place la plus honorable** : la place d'honneur.
4. **Collation** : repas servi après la tombée de la nuit.

sœurs, et leur fit mille honnêtetés[1] : elle leur fit part[2] des oranges et des citrons que le prince lui avait donnés, ce qui les étonna fort, car elles ne la connaissaient[3] point. Lors-
135 qu'elles causaient ainsi, Cendrillon entendit sonner onze heures trois quarts : elle fit aussitôt une grande révérence à la compagnie et s'en alla le plus vite qu'elle put. Dès qu'elle fut arrivée, elle alla trouver sa marraine, et après l'avoir remerciée, elle lui dit qu'elle souhaiterait bien aller encore le
140 lendemain au bal, parce que le fils du roi l'en avait priée. Comme elle était occupée à raconter à sa marraine tout ce qui s'était passé au bal, les deux sœurs heurtèrent à la porte ; Cendrillon leur alla ouvrir.

« Que vous êtes longtemps à revenir ! » leur dit-elle en
145 bâillant, en se frottant les yeux, et en s'étendant comme si elle n'eût fait que de se réveiller ; elle n'avait cependant pas eu envie de dormir depuis qu'elles s'étaient quittées.

« Si tu étais venue au bal, lui dit une de ses sœurs, tu ne t'y serais pas ennuyée : il y est venu la plus belle princesse,
150 la plus belle qu'on puisse jamais voir ; elle nous a fait mille civilités[4], elle nous a donné des oranges et des citrons. »

Cendrillon ne se sentait pas de joie : elle leur demanda le nom de cette princesse ; mais elles lui répondirent qu'on ne la connaissait pas, que le fils du roi en était fort en peine, et
155 qu'il donnerait toutes choses au monde pour savoir qui elle était. Cendrillon sourit et leur dit :

« Elle était donc bien belle ? Mon Dieu, que vous êtes heureuses, ne pourrais-je point la voir ? Hélas ! Mademoiselle Javotte, prêtez-moi votre habit jaune que vous mettez tous
160 les jours.

— Vraiment, dit Mademoiselle Javotte, je suis de cet avis !

---

1. **Leur fit mille honnêtetés** : leur dit mille choses aimables.
2. **Leur fit part** : partagea avec elles.
3. **Ne la connaissaient point** : ne la reconnaissaient pas.
4. **Civilités** : amabilités.

Prêter votre habit à un vilain cucendron comme cela : il faudrait que je fusse bien folle. »

Cendrillon s'attendait bien à ce refus, et elle en fut bien
165 aise, car elle aurait été grandement embarrassée si sa sœur
eût bien voulu lui prêter son habit. Le lendemain les deux
sœurs furent au bal, et Cendrillon aussi, mais encore plus
parée que la première fois. Le fils du roi fut toujours auprès
d'elle, et ne cessa de lui conter des douceurs ; la jeune demoi-
170 selle ne s'ennuyait point, et oublia ce que sa marraine lui
avait recommandé ; de sorte qu'elle entendit sonner le premier coup de minuit, lorsqu'elle ne croyait pas qu'il fût
encore onze heures : elle se leva et s'enfuit aussi légèrement
qu'aurait fait une biche. Le prince la suivit, mais il ne put
175 l'attraper ; elle laissa tomber une de ses pantoufles de verre,
que le prince ramassa bien soigneusement. Cendrillon arriva
chez elle bien essouflée, sans carrosse, sans laquais, et avec
ses méchants habits, rien ne lui étant resté de toute sa magni-
ficence qu'une de ses petites pantoufles, la pareille de celle
180 qu'elle avait laissé tomber. On demanda aux gardes de la
porte du palais s'ils n'avaient point vu sortir une princesse ;
ils dirent qu'ils n'avaient vu sortir personne, qu'une jeune fille
fort mal vêtue, et qui avait plus l'air d'une paysanne que
d'une demoiselle. Quand ses deux sœurs revinrent du bal,
185 Cendrillon leur demanda si elles s'étaient encore bien diver-
ties, et si la belle dame y avait été ; elles lui dirent que oui,
mais qu'elle s'était enfuie lorsque minuit avait sonné, et si
promptement qu'elle avait laissé tomber une de ses petites
pantoufles de verre, la plus jolie du monde ; que le fils du roi
190 l'avait ramassée, et qu'il n'avait fait que la regarder pendant
tout le reste du bal, et qu'assurément il était fort amoureux
de la belle personne à qui appartenait la petite pantoufle.
Elles dirent vrai, car peu de jours après, le fils du roi fit
publier[1] à son de trompe qu'il épouserait celle dont le pied

---

1. **Fit publier** : annonça publiquement.

195 serait bien juste à la pantoufle. On commença à l'essayer aux princesses, ensuite aux duchesses, et à toute la cour, mais inutilement. On l'apporta chez les deux sœurs, qui firent tout leur possible pour faire entrer leur pied dans la pantoufle, mais elles ne purent en venir à bout. Cendrillon, qui les regar-

200 dait, et qui reconnut sa pantoufle, dit en riant :

« Que je voie si elle ne me serait pas bonne ! »

Ses sœurs se mirent à rire et à se moquer d'elle. Le gentil-homme qui faisait l'essai de la pantoufle, ayant regardé atten-tivement Cendrillon, et la trouvant fort belle, dit que cela

205 était juste, et qu'il avait ordre de l'essayer à toutes les filles. Il fit asseoir Cendrillon, et approchant la pantoufle de son petit pied, il vit qu'elle y entrait sans peine, et qu'elle y était juste comme de cire[1]. L'étonnement des deux sœurs fut grand, mais plus grand encore quand Cendrillon tira de sa

210 poche l'autre petite pantoufle qu'elle mit à son pied. Là-des-sus arriva la marraine, qui ayant donné un coup de sa baguette sur les habits de Cendrillon, les fit devenir encore plus magnifiques que tous les autres.

Alors ses deux sœurs la reconnurent pour la belle personne

215 qu'elles avaient vue au bal. Elles se jetèrent à ses pieds pour lui demander pardon de tous les mauvais traitements qu'elles lui avaient fait souffrir. Cendrillon les releva, et leur dit, en les embrassant, qu'elle leur pardonnait de bon cœur, et qu'elle les priait de l'aimer bien toujours. On la mena chez

220 le jeune prince, parée comme elle était : il la trouva encore plus belle que jamais, et peu de jours après, il l'épousa. Cen-drillon, qui était aussi bonne que belle, fit loger ses deux sœurs au palais, et les maria dès le jour même à deux grands seigneurs de la cour.

---

1. **Elle y était juste comme de cire** : la pantoufle lui allait comme si elle avait été faite à partir d'un moulage en cire de son passé.

MORALITÉ

225 *La beauté pour le sexe[1] est un rare trésor,*
   De l'admirer jamais on ne se lasse ;
    Mais ce qu'on nomme bonne grâce[2]
    Est sans prix, et vaut mieux encor.
  C'est ce qu'à Cendrillon fit avoir sa marraine,
230   *En la dressant[3], en l'instruisant,*
   Tant et si bien qu'elle en fit une reine
  (Car ainsi sur ce conte on va moralisant.)
  Belles, ce don vaut mieux que d'être bien coiffées,
  Pour engager un cœur, pour en venir à bout,
235   *La bonne grâce est le vrai don des fées ;*
  Sans elle, on ne peut rien, avec elle, on peut tout.

AUTRE MORALITÉ

   C'est sans doute un grand avantage,
   D'avoir de l'esprit, du courage,
   De la naissance, du bon sens,
240   *Et d'autres semblables talents,*
   Qu'on reçoit du ciel en partage ;
   Mais vous aurez beau les avoir,
  Pour votre avancement ce seront choses vaines,
   Si vous n'avez, pour les faire valoir,
245   *Ou des parrains ou des marraines.*

---

1. **Le sexe** : le beau sexe, c'est-à-dire le sexe féminin, les femmes.
2. **Bonne grâce** : bonté.
3. **En la dressant** : en l'élevant, en l'éduquant.

L'HISTOIRE ET LES PERSONNAGES

• Faites le résumé de l'histoire.
• Reprenez ce résumé en distinguant chacune des étapes : quels sont la situation initiale, la situation finale, l'élément transformateur ?
• Faites le schéma actantiel du conte : qui est le sujet ? Quel est l'objet ? Quels sont les adjuvants et les opposants ? Qui sont le destinateur et le destinataire ?
• Comparez le conte de *Cendrillon* avec le conte *Les fées* : Quels sont les éléments communs ? Quels sont les différences ?
• Entre *Cendrillon* et *Les Fées*, quel est le conte dont le dénouement vous plaît le plus ? Pourquoi ?

LES THÈMES

• Relevez tous les éléments merveilleux ou surnaturels.
• Relevez ensuite tous les éléments réalistes. Quels éléments appartiennent à la fois à l'univers réaliste et familier et à l'univers surnaturel ?
• Quelle correspondance y a-t-il entre les animaux et les objets utilisés par la Fée avant et après leur transformation ?
• Quels sont les traits du caractère de Cendrillon ?
• Cendrillon joue-t-elle un rôle dans le déroulement des événements ?
• Étudiez les deux moralités : quel est le thème principal de chacune d'elles ? Laquelle préférez-vous ? Pourquoi ?
• Ces deux moralités vous semblent-elle se contredire ? Pourquoi ? Peut-on dire, d'une certaine manière, qu'elles se complètent ?

STYLE ET VOCABULAIRE

• En vous reportant à la note explicative, dites quel est le sens du mot *humeur* (l. 3). Quel sens ce mot a-t-il aujourd'hui ? Le sens de ce mot est-il le même à la ligne 8 ?
• Quel est le sens du mot *souffrir* (« la pauvre fille souffrait tout avec patience », l. 18). Est-il différent du sens actuel ?
• Quel est le sens de l'emploi du présent dans : « elle part, ne se sentant pas de joie » (l. 113) ?

DE LA LECTURE À L'ÉCRITURE

• Imaginez une histoire contemporaine où un personnage rechercherait une personne dont il est tombé amoureux et qui a disparu en laissant une trace.

• Le Prince poursuit Cendrillon après le deuxième bal. Il la retrouve dans l'escalier, vêtue de ses haillons. Imaginez sa surprise, ce que lui dit Cendrillon et la fin de l'histoire.

Riquet à la houppe.
Illustration d'Adrien Marie, fin du XIXᵉ siècle.

Riquet à la houppe

Il était une fois une reine qui accoucha d'un fils, si laid et si mal fait, qu'on douta longtemps s'il avait forme humaine. Une fée qui se trouva à sa naissance assura qu'il ne laisserait pas[1] d'être aimable, parce qu'il aurait beaucoup d'esprit ; elle ajouta même qu'il pourrait, en vertu du don qu'elle venait de lui faire, donner autant d'esprit qu'il en aurait à la personne qu'il aimerait le mieux. Tout cela consola un peu la pauvre reine, qui était bien affligée d'avoir mis au monde un si vilain marmot. Il est vrai que cet enfant ne commença pas plus tôt à parler qu'il dit mille jolies choses, et qu'il avait dans toutes ses actions je ne sais quoi de si spirituel, qu'on en était charmé. J'oubliais de dire qu'il vint au monde avec une petite houppe de cheveux sur la tête, ce qui fit qu'on le nomma Riquet à la houppe, car Riquet était le nom de la famille.

Au bout de sept ou huit ans, la reine d'un royaume voisin accoucha de deux filles. La première qui vint au monde était plus belle que le jour : la reine en fut si aise[2], qu'on appréhenda que la trop grande joie qu'elle en avait ne lui fît mal. La même fée qui avait assisté à la naissance du petit Riquet à la houppe était présente, et pour modérer la joie de la reine, elle lui déclara que cette petite princesse n'aurait point d'esprit, et qu'elle serait aussi stupide qu'elle était belle. Cela mortifia[3] beaucoup la reine ; mais elle eut quelques moments après un bien plus grand chagrin, car la seconde fille dont elle accoucha se trouva extrêmement laide.

« Ne vous affligez point tant, madame, lui dit la fée ; votre

---

1. **Ne laisserait pas** : ne manquerait pas.
2. **Aise** : contente.
3. **Mortifia** : blessa, mécontenta gravement.

fille sera récompensée d'ailleurs[1], et elle aura tant d'esprit,
qu'on ne s'apercevra presque pas qu'il lui manque de la
30 beauté.

– Dieu le veuille, répondit la reine ; mais n'y aurait-il point
moyen de faire avoir un peu d'esprit à l'aînée qui est si belle ?

– Je ne puis rien pour elle, Madame, du côté de l'esprit,
lui dit la fée, mais je puis tout du côté de la beauté ; et comme
35 il n'y a rien que je ne veuille faire pour votre satisfaction, je
vais lui donner pour don de pouvoir rendre beau ou belle la
personne qui lui plaira. »

À mesure que ces deux princesses devinrent grandes, leurs
perfections crûrent[2] aussi avec elles, et on ne parlait partout
40 que de la beauté de l'aînée et de l'esprit de la cadette. Il est
vrai aussi que leurs défauts augmentèrent beaucoup avec
l'âge. La cadette enlaidissait à vue d'œil, et l'aînée devenait
plus stupide de jour en jour. Ou elle ne répondait rien à ce
qu'on lui demandait, ou elle disait une sottise. Elle était avec
45 cela si maladroite qu'elle n'eût pu ranger quatre porcelaines
sur le bord d'une cheminée sans en casser une, ni boire un
verre d'eau sans en répandre la moitié sur ses habits. Quoique
la beauté soit un grand avantage dans une jeune personne,
cependant la cadette l'emportait presque toujours sur son
50 aînée dans toutes les compagnies. D'abord on allait du côté
de la plus belle pour la voir et pour l'admirer, mais bientôt
après, on allait à celle qui avait le plus d'esprit, pour lui
entendre dire mille choses agréables ; et on était étonné qu'en
moins d'un quart d'heure l'aînée n'avait plus personne auprès
55 d'elle, et que tout le monde s'était rangé autour de la cadette.
L'aînée, quoique fort stupide, le remarqua bien, et elle eût
donné sans regret toute sa beauté pour avoir la moitié de
l'esprit de sa sœur. La reine, toute sage qu'elle était, ne put
s'empêcher de lui reprocher plusieurs fois sa bêtise, ce qui

1. **Sera récompensée d'ailleurs** : recevra un autre don en compensation.
2. **Crûrent** (du verbe *croître*) : augmentèrent.

60 pensa[1] faire mourir de douleur cette pauvre princesse. Un jour qu'elle s'était retirée dans un bois pour y plaindre son malheur[2], elle vit venir à elle un petit homme fort laid et fort désagréable[3], mais vêtu très magnifiquement. C'était le jeune prince Riquet à la houppe, qui étant devenu amoureux d'elle 65 sur ses portraits qui couraient par tout le monde, avait quitté le royaume de son père pour avoir le plaisir de la voir et de lui parler. Ravi de la rencontrer ainsi toute seule, il l'aborde avec tout le respect et toute la politesse imaginable. Ayant remarqué, après lui avoir fait les compliments ordinaires, 70 qu'elle était fort mélancolique, il lui dit :

« Je ne comprends point, Madame, comment une personne aussi belle que vous l'êtes peut être aussi triste que vous le paraissez ; car, quoique je puisse me vanter d'avoir vu une infinité de belles personnes, je puis dire que je n'en ai jamais 75 vu dont la beauté approche de la vôtre.

– Cela vous plaît à dire[4], Monsieur, lui répondit la princesse, et en demeure là.

– La beauté, reprit Riquet à la houppe, est un si grand avantage qu'il doit tenir lieu de tout le reste[5] ; et quand on 80 le possède, je ne vois pas qu'il y ait rien[6] qui puisse nous affliger beaucoup.

– J'aimerais mieux, dit la princesse, être aussi laide que vous et avoir de l'esprit, que d'avoir de la beauté comme j'en ai, et être bête autant que je le suis.

85 – Il n'y a rien, Madame, qui marque davantage qu'on a de l'esprit, que de croire n'en pas avoir, et il est de la nature de ce bien-là, que plus on en a, plus on croit en manquer.

---

1. **Ce qui pensa faire mourir** : ce qui faillit faire mourir.
2. **Plaindre son malheur** : se plaindre, se lamenter de son malheur.
3. **Désagréable** : désagréable à regarder.
4. **Cela vous plaît à dire** : vous dites cela pour me faire plaisir.
5. **Il doit tenir lieu de tout le reste** : il doit compenser tous ceux que l'on n'a pas.
6. **Rien** : quoi que ce soit.

– Je ne sais pas cela, dit la princesse, mais je sais bien que je suis fort bête, et c'est de là que vient le chagrin qui me tue.

90 – Si ce n'est que cela, Madame, qui vous afflige, je puis aisément mettre fin à votre douleur.

– Et comment ferez-vous ? dit la princesse.

– J'ai le pouvoir, Madame, dit Riquet à la houppe, de donner de l'esprit autant qu'on en saurait avoir à la personne

95 que je dois aimer le plus, et comme vous êtes, Madame, cette personne, il ne tiendra qu'à vous que vous n'ayez autant d'esprit qu'on en peut avoir, pourvu que vous vouliez bien m'épouser. »

La princesse demeura tout interdite[1] et ne répondit rien.

100 « Je vois, reprit Riquet à la houppe, que cette proposition vous fait de la peine, et je ne m'en étonne pas ; mais je vous donne un an tout entier pour vous y résoudre[2]. » La princesse avait si peu d'esprit, et en même temps une si grande envie d'en avoir, qu'elle s'imagina que la fin de cette année

105 ne viendrait jamais ; de sorte qu'elle accepta la proposition qui lui était faite. Elle n'eut pas plus tôt promis à Riquet à la houppe qu'elle l'épouserait dans un an à pareil jour qu'elle se sentit tout autre qu'elle n'était auparavant ; elle se trouva une facilité incroyable à dire tout ce qui lui plaisait, et à le

110 dire d'une manière fine, aisée et naturelle. Elle commença dès ce moment une conversation galante[3] et soutenue[4] avec Riquet à la houppe, où elle brilla d'une telle force que Riquet à la houppe crut lui avoir donné plus d'esprit qu'il ne s'en était réservé pour lui-même. Quand elle fut retournée au

115 palais, toute la cour ne savait que penser d'un changement si subit et si extraordinaire, car autant qu'on lui avait ouï[5] dire d'impertinences[6] auparavant, autant lui entendait-on dire

---

1. **Interdite** : très étonnée, stupéfaite.
2. **Pour vous y résoudre** : pour vous décider à le faire.
3. **Galante** : raffinée.
4. **Soutenue** : d'un niveau élevé.
5. **Ouï** : entendu.
6. **Impertinences** : sottises, idioties.

des choses bien sensées et infiniment spirituelles. Toute la
cour en eut une joie qui ne se peut imaginer ; il n'y eut que
120 sa cadette qui n'en fut pas bien aise, parce que n'ayant plus
sur son aînée l'avantage de l'esprit, elle ne paraissait plus
auprès d'elle qu'une guenon fort désagréable. Le roi se
conduisait par ses avis[1], et allait même quelquefois tenir le
conseil[2] dans son appartement[3]. Le bruit de ce changement
125 s'étant répandu, tous les jeunes princes des royaumes voisins
firent leurs efforts pour s'en faire aimer, et presque tous la
demandèrent en mariage ; mais elle n'en trouvait point qui
eût assez d'esprit, et elle les écoutait tous sans s'engager à pas
un d'eux[4]. Cependant il en vint un si puissant, si riche, si
130 spirituel et si bien fait, qu'elle ne put s'empêcher d'avoir de
la bonne volonté pour lui. Son père s'en étant aperçu lui dit
qu'il la faisait la maîtresse sur le choix d'un époux, et qu'elle
n'avait qu'à se déclarer. Comme plus on a d'esprit et plus on
a de peine à prendre une ferme résolution sur cette affaire,
135 elle demanda, après avoir remercié son père, qu'il lui donnât
du temps pour y penser. Elle alla par hasard se promener
dans le même bois où elle avait trouvé Riquet à la houppe,
pour rêver[5] plus commodément à ce qu'elle avait à faire.
Dans le temps qu'elle se promenait, rêvant profondément,
140 elle entendit un bruit sourd sous ses pieds, comme de plusieurs personnes qui vont et viennent et qui agissent. Ayant
prêté l'oreille plus attentivement, elle ouït que l'un
disait : « Apporte-moi cette marmite » ; l'autre : « Donne-moi
cette chaudière » ; l'autre : « Mets du bois dans ce feu. » La
145 terre s'ouvrit dans le même temps, et elle vit sous ses pieds
comme une grande cuisine pleine de cuisiniers, de marmitons
et de toutes sortes d'officiers[6] nécessaires pour faire un festin

---

1. **Se conduisait par ses avis** : suivait ses conseils.
2. **Tenir le conseil** : réunir son conseil des ministres.
3. **Son appartement** : les pièces qui lui étaient réservées.
4. **À pas un d'eux** : avec aucun d'eux.
5. **Rêver** : réfléchir.
6. **Officiers** : domestiques.

magnifique. Il en sortit une bande de vingt ou trente rôtisseurs, qui allèrent se camper[1] dans une allée du bois autour 150 d'une table fort longue, et qui tous, la lardoire[2] à la main, et la queue de renard[3] sur l'oreille, se mirent à travailler en cadence au son d'une chanson harmonieuse. La princesse, étonnée de ce spectacle, leur demanda pour qui ils travaillaient.

155 « C'est, Madame, lui répondit le plus apparent[4] de la bande, pour le prince Riquet à la houppe, dont les noces se feront demain. »

La princesse encore plus surprise qu'elle ne l'avait été, et se ressouvenant tout à coup qu'il y avait un an qu'à pareil 160 jour elle avait promis d'épouser le prince Riquet à la houppe, pensa tomber de son haut[5]. Ce qui faisait qu'elle ne s'en souvenait pas, c'est que, quand elle fit cette promesse, elle était une bête[6], et qu'en prenant le nouvel esprit que le prince lui avait donné, elle avait oublié toutes ses sottises. Elle n'eut 165 pas fait trente pas en continuant sa promenade, que Riquet à la houppe se présenta à elle, brave[7], magnifique, et comme un prince qui va se marier.

« Vous me voyez, dit-il, Madame, exact à tenir ma parole, et je ne doute point que vous ne veniez ici pour exécuter la 170 vôtre, et me rendre, en me donnant la main, le plus heureux de tous les hommes.

— Je vous avouerai franchement, répondit la princesse, que je n'ai pas encore pris ma résolution là-dessus, et que je ne crois pas pouvoir jamais la prendre telle que vous la 175 souhaitez.

— Vous m'étonnez, Madame, lui dit Riquet à la houppe.

---

1. **Se camper** : s'installer.
2. **Lardoire** : broche servant à larder la viande.
3. **Queue de renard** : bonnet en fourrure que portaient les cuisiniers.
4. **Apparent** : important.
5. **Tomber de son haut** : s'évanouir.
6. **Elle était une bête** : elle était bête.
7. **Brave** : bien vêtu, élégant.

– Je le crois, dit la princesse, et assurément si j'avais affaire
à un brutal[1], à un homme sans esprit, je me trouverais bien
embarrassée. Une princesse n'a que sa parole, me dirait-il, et
180 il faut que vous m'épousiez, puisque vous me l'avez promis ;
mais comme celui à qui je parle est l'homme du monde qui
a le plus d'esprit, je suis sûre qu'il entendra raison. Vous
savez que, quand je n'étais qu'une bête, je ne pouvais néan-
moins me résoudre à vous épouser ; comment voulez-vous
185 qu'ayant l'esprit que vous m'avez donné, qui me rend encore
plus difficile en gens[2] que je n'étais, je prenne aujourd'hui
une résolution que je n'ai pu prendre dans ce temps-là ? Si
vous pensiez tout de bon à m'épouser, vous avez eu grand
tort de m'ôter ma bêtise, et de me faire voir plus clair que je
190 ne voyais.

– Si un homme sans esprit, répondit Riquet à la houppe,
serait bien reçu[3], comme vous venez de le dire, à vous reprocher votre manque de parole, pourquoi voulez-vous,
Madame, que je n'en use pas de même, dans une chose où il
195 y va de tout le bonheur de ma vie ? Est-il raisonnable que les
personnes qui ont de l'esprit soient d'une pire condition[4] que
ceux qui n'en ont pas ? Le pouvez-vous prétendre, vous qui
en avez tant, et qui avez tant souhaité d'en avoir ? Mais
venons au fait, s'il vous plaît. À la réserve[5] de ma laideur, y
200 a-t-il quelque chose en moi qui vous déplaise ? Êtes-vous mal
contente de ma naissance, de mon esprit, de mon humeur, et
de mes manières ?

– Nullement, répondit la princesse, j'aime en vous tout ce
que vous venez de me dire.

205 – Si cela est ainsi, reprit Riquet à la houppe, je vais être

1. **Brutal** : brute, homme grossier.
2. **Difficile en gens** : exigeante envers les autres.
3. **Serait bien reçu... à vous reprocher** : aurait raison de vous reprocher.
4. **D'une pire condition** : ici, moins bien traités.
5. **À la réserve de** : à l'exception de.

heureux, puisque vous pouvez me rendre le plus aimable de
tous les hommes.

– Comment cela se peut-il faire ? lui dit la Princesse.

– Cela se fera, répondit Riquet à la houppe, si vous
210 m'aimez assez pour souhaiter que cela soit ; et afin, Madame,
que vous n'en doutiez pas, sachez que la même fée qui au
jour de ma naissance me fit le don de pouvoir rendre spiri-
tuelle la personne qu'il me plairait, vous a aussi fait le don
de pouvoir rendre beau celui que vous aimerez, et à qui vous
215 voudrez bien faire cette faveur.

– Si la chose est ainsi, dit la princesse, je souhaite de tout
mon cœur que vous deveniez le prince du monde le plus beau
et le plus aimable ; et je vous en fais le don autant qu'il est
en moi[1]. »

220   La princesse n'eut pas plus tôt prononcé ces paroles, que
Riquet à la houppe parut à ses yeux l'homme du monde le
plus beau, le mieux fait et le plus aimable qu'elle eût jamais
vu. Quelques-uns assurent que ce ne furent point les
charmes[2] de la fée qui opérèrent, mais que l'amour seul fit
225 cette métamorphose. Ils disent que la princesse ayant fait
réflexion[3] sur la persévérance de son amant, sur sa discrétion[4], et sur toutes les bonnes qualités de son âme et de son
esprit, ne vit plus la difformité de son corps, ni la laideur de
son visage, que sa bosse ne lui sembla plus que le bon air
230 d'un homme qui fait le gros dos, et qu'au lieu que jusqu'alors
elle l'avait vu boiter effroyablement, elle ne lui trouva plus
qu'un certain air penché qui la charmait ; ils disent encore
que ses yeux, qui étaient louches, ne lui en parurent que plus
brillants, que leur dérèglement passa dans son esprit pour la
235 marque d'un violent excès d'amour, et qu'enfin son gros nez

---

1. **Autant qu'il est en moi** : autant que j'en ai le pouvoir.
2. **Charmes** : sorts.
3. **Ayant fait réflexion** : ayant réfléchi.
4. **Discrétion** : tact.

rouge eut pour elle quelque chose de martial[1] et d'héroïque. Quoi qu'il en soit, la princesse lui promit sur-le-champ de l'épouser, pourvu qu'il en obtînt le consentement du roi son père. Le roi ayant su que sa fille avait beaucoup d'estime pour Riquet à la houppe, qu'il connaissait d'ailleurs pour un prince très spirituel et très sage, le reçut avec plaisir pour son gendre. Dès le lendemain les noces furent faites, ainsi que Riquet à la houppe l'avait prévu, et selon les ordres qu'il en avait donnés longtemps auparavant.

MORALITÉ

245
Ce que l'on voit dans cet écrit,
Est moins un conte en l'air que la vérité même ;
Tout est beau dans ce que l'on aime,
Tout ce qu'on aime a de l'esprit.

AUTRE MORALITÉ

Dans un objet[2] où la Nature
250
Aura mis de beaux traits, et la vive peinture
D'un teint où jamais l'Art ne saurait arriver,
Tous ces dons pourront moins pour rendre un cœur
[sensible,
Qu'un seul agrément invisible
Que l'Amour y fera trouver.

---

1. **Martial** : guerrier.
2. **Objet** : ce qu'on a devant les yeux. Ici, une personne.

LES PERSONNAGES

• Quels sont les personnages du conte ?

• Faites un tableau des qualités et des défauts de Riquet à la houppe et des deux princesses, ainsi que des dons qu'ils ont reçus. Montrez les parallélismes et les oppositions entre eux.

• Quels sont, à votre avis, les qualités les plus importantes ? Pourquoi ?

• Relevez dans le conte les arguments qui font de la beauté et de l'intelligence des qualités primordiales.

• Le partage des qualités et des dons entre les trois personnages vous paraît-il juste ?

L'HISTOIRE

• Résumez l'histoire. Quels sont, pour chacun des trois personnages, la situation initiale, la situation finale, l'élément transformateur ?

• Faites le schéma actantiel du conte. Qui sont les opposants ? Qui sont les adjuvants ?

• Étudiez le conte du point de vue de Riquet à la houppe : relevez précisément les raisons pour lesquelles sa situation se transforme. S'agit-il uniquement de raisons surnaturelles ?

LES THÈMES

• Étudiez le dialogue entre Riquet à la houppe et la Princesse lors de leur deuxième rencontre (lignes 165 à 219). Quel est l'enjeu de cette conversation ? Quels sont les arguments utilisés respectivement par Riquet à la houppe et par la Princesse ?

• Par quels moyens Riquet à la houppe parvient-il à obtenir ce qu'il désire ? Ces moyens sont ils réalistes ou surnaturels ?

• Résumez en une phrase chacune des deux moralités. Sont-elles différentes ?

LE PETIT POUCET

IL ÉTAIT UNE FOIS un bûcheron et une bûcheronne qui avaient
sept enfants tous garçons. L'aîné n'avait que dix ans, et le
plus jeune n'en avait que sept. On s'étonnera que le bûcheron
ait eu tant d'enfants en si peu de temps ; mais c'est que sa
5 femme allait vite en besogne, et n'en faisait pas moins que
deux à la fois. Ils étaient fort pauvres, et leurs sept enfants
les incommodaient beaucoup, parce qu'aucun d'eux ne pouvait encore gagner sa vie. Ce qui les chagrinait encore, c'est
que le plus jeune était fort délicat et ne disait mot : prenant
10 pour bêtise ce qui était une marque de la bonté de son esprit.
Il était fort petit, et quand il vint au monde, il n'était guère
plus gros que le pouce, ce qui fit que l'on l'appela le Petit
Poucet. Ce pauvre enfant était le souffre-douleur de la maison, et on lui donnait toujours le tort. Cependant il était le
15 plus fin, et le plus avisé¹ de tous ses frères, et s'il parlait peu,
il écoutait beaucoup. Il vint une année très fâcheuse², et la
famine fut si grande que ces pauvres gens résolurent de se
défaire de leurs enfants. Un soir que ces enfants étaient
couchés, et que le bûcheron était auprès du feu avec sa
20 femme, il lui dit, le cœur serré de douleur :

« Tu vois bien que nous ne pouvons plus nourrir nos
enfants ; je ne saurais les voir mourir de faim devant mes
yeux, et je suis résolu de les mener perdre demain au bois,
ce qui sera bien aisé³, car tandis qu'ils s'amuseront à fago-
25 ter⁴, nous n'avons qu'à nous enfuir sans qu'ils nous voient.

---

1. **Avisé** : réfléchi, intelligent, de bon conseil.
2. **Fâcheuse** : ici, mauvaise, catastrophique.
3. **Aisé** : facile.
4. **Fagoter** : ramasser du bois pour en faire des fagots.

En marchant, il avait laissé tomber le long du chemin
les petits cailloux blancs qu'il avait dans sa poche.
Gravure d'après Gustave Doré pour les Éditions Hetzel, 1861.

– Ah ! s'écria la bûcheronne, pourrais-tu bien toi-même mener perdre tes enfants ? »

Son mari avait beau lui représenter[1] leur grande pauvreté, elle ne pouvait y consentir ; elle était pauvre, mais elle était
30 leur mère. Cependant ayant considéré quelle douleur ce lui serait de les voir mourir de faim, elle y consentit, et alla se coucher en pleurant. Le Petit Poucet ouït[2] tout ce qu'ils dirent, car ayant entendu de dedans son lit qu'ils parlaient d'affaires, il s'était levé doucement, et s'était glissé sous l'es-
35 cabelle[3] de son père pour les écouter sans être vu. Il alla se recoucher et ne dormit point le reste de la nuit, songeant à ce qu'il avait à faire. Il se leva de bon matin, et alla au bord d'un ruisseau où il emplit ses poches de petits cailloux blancs, et ensuite revint à la maison. On partit, et le Petit Poucet ne
40 découvrit rien de tout ce qu'il savait à ses frères. Ils allèrent dans une forêt fort épaisse, où à dix pas de distance on ne se voyait pas l'un l'autre. Le bûcheron se mit à couper du bois et ses enfants à ramasser les broutilles[4] pour faire des fagots. Le père et la mère, les voyant occupés à travailler,
45 s'éloignèrent d'eux insensiblement, et puis s'enfuirent tout à coup par un petit sentier détourné. Lorsque ces enfants se virent seuls, ils se mirent à crier et à pleurer de toute leur force. Le Petit Poucet les laissait crier, sachant bien par où il reviendrait à la maison ; car, en marchant, il avait laissé tom-
50 ber le long du chemin les petits cailloux blancs qu'il avait dans ses poches. Il leur dit donc :

« Ne craignez point, mes frères ; mon père et ma mère nous ont laissés ici, mais je vous remènerai bien au logis, suivez-moi seulement. »

55 Ils le suivirent, et il les mena jusqu'à leur maison par le même chemin qu'ils étaient venus dans la forêt. Ils n'osèrent

---

1. **Représenter** : rappeler à son attention.
2. **Ouït** : entendit.
3. **Escabelle** : escabeau.
4. **Broutilles** : petits morceaux de bois.

d'abord entrer, mais ils se mirent tous contre la porte pour écouter ce que disaient leur père et leur mère.

Dans le moment que[1] le bûcheron et la bûcheronne arri-
60 vèrent chez eux, le seigneur du village leur envoya dix écus qu'il leur devait il y avait longtemps, et dont ils n'espéraient plus rien. Cela leur redonna la vie, car les pauvres gens mouraient de faim. Le bûcheron envoya sur l'heure[2] sa femme à la boucherie. Comme il y avait longtemps qu'elle n'avait
65 mangé, elle acheta trois fois plus de viande qu'il n'en fallait pour le souper de deux personnes. Lorsqu'ils furent rassasiés, la bûcheronne dit :

« Hélas ! où sont maintenant nos pauvres enfants ? Ils feraient bonne chère de ce qui nous reste là. Mais aussi, Guil-
70 laume, c'est toi qui les as voulu perdre ; j'avais bien dit que nous nous en repentirions. Que font-ils maintenant dans cette forêt ? Hélas ! mon Dieu, les loups les ont peut-être déjà mangés ! Tu es bien inhumain d'avoir perdu ainsi tes enfants. »

75 Le bûcheron s'impatienta à la fin, car elle redit plus de vingt fois qu'ils s'en repentiraient et qu'elle l'avait bien dit. Il la menaça de la battre si elle ne se taisait. Ce n'est pas que le bûcheron ne fût peut-être encore plus fâché[3] que sa femme, mais c'est qu'elle lui rompait la tête[4], et qu'il était
80 de l'humeur de beaucoup d'autres gens, qui aiment fort les femmes qui disent bien, mais qui trouvent très importunes[5] celles qui ont toujours bien dit. La bûcheronne était tout en pleurs :

« Hélas ! où sont maintenant mes enfants, mes pauvres
85 enfants ? » Elle le dit une fois si haut que les enfants qui

---

1. **Dans le moment que** : au moment où.
2. **Sur l'heure** : immédiatement.
3. **Fâché** : contrarié, malheureux.
4. **Elle lui rompait la tête** : elle lui cassait les oreilles.
5. **Importunes** : déplaisantes.

étaient à la porte, l'ayant entendu, se mirent à crier tous
ensemble :

« Nous voilà, nous voilà. »

Elle courut vite leur ouvrir la porte, et leur dit en les
90 embrassant :

« Que je suis aise de vous revoir, mes chers enfants ! Vous
êtes bien las, et vous avez bien faim ; et toi Pierrot, comme
te voilà crotté, viens que je te débarbouille. »

Ce Pierrot était son fils aîné qu'elle aimait plus que tous
95 les autres, parce qu'il était un peu rousseau[1], et qu'elle était
un peu rousse. Ils se mirent à table, et mangèrent d'un appétit
qui faisait plaisir au père et à la mère, à qui ils racontaient
la peur qu'ils avaient eue dans la forêt en parlant presque
toujours tous ensemble. Ces bonnes gens étaient ravis de
100 revoir leurs enfants avec eux, et cette joie dura tant que les
dix écus durèrent. Mais lorsque l'argent fut dépensé, ils
retombèrent dans leur premier chagrin, et résolurent de les
perdre encore, et pour ne pas manquer leur coup, de les
mener bien plus loin que la première fois. Ils ne purent parler
105 de cela si secrètement qu'ils ne fussent entendus par le Petit
Poucet, qui fit son compte[2] de sortir d'affaire comme il avait
déjà fait ; mais quoiqu'il se fût levé de bon matin pour aller
ramasser des petits cailloux, il ne put en venir à bout, car il
trouva la porte de la maison fermée à double tour. Il ne savait
110 que faire, lorsque la bûcheronne leur ayant donné à chacun
un morceau de pain pour leur déjeuner, il songea qu'il pourrait se servir de son pain au lieu de cailloux en le jetant par
miettes le long des chemins où ils passeraient ; il le serra donc
dans sa poche. Le père et la mère les menèrent dans l'endroit
115 de la forêt le plus épais et le plus obscur, et dès qu'ils y furent,
ils gagnèrent un faux-fuyant[3] et les laissèrent là. Le Petit Poucet ne s'en chagrina pas beaucoup, parce qu'il croyait retrou-

---

1. **Rousseau** : roux.
2. **Fit son compte** : décida.
3. **Faux-fuyant** : chemin écarté.

ver aisément son chemin par le moyen de son pain qu'il avait
semé partout où il avait passé ; mais il fut bien surpris lors-
120 qu'il ne put en retrouver une seule miette ; les oiseaux étaient
venus qui avaient tout mangé. Les voilà donc bien affligés,
car plus ils marchaient, plus ils s'égaraient et s'enfonçaient
dans la forêt. La nuit vint, et il s'éleva un grand vent qui leur
faisait des peurs épouvantables. Ils croyaient n'entendre de
125 tous côtés que des hurlements de loups qui venaient à eux
pour les manger. Ils n'osaient presque se parler ni tourner la
tête. Il survint une grosse pluie qui les perça jusqu'aux os ;
ils glissaient à chaque pas et tombaient dans la boue, d'où ils
se relevaient tout crottés, ne sachant que faire de leurs mains.
130 Le Petit Poucet grimpa au haut d'un arbre pour voir s'il ne
découvrirait rien ; ayant tourné la tête de tous côtés, il vit
une petite lueur comme d'une[1] chandelle, mais qui était bien
loin par-delà la forêt. Il descendit de l'arbre ; et lorsqu'il fut
à terre, il ne vit plus rien ; cela le désola. Cependant, ayant
135 marché quelque temps avec ses frères du côté qu'il avait vu
la lumière, il la revit en sortant du bois. Ils arrivèrent enfin
à la maison où était cette chandelle, non sans bien des
frayeurs, car souvent ils la perdaient de vue, ce qui leur arri-
vait toutes les fois qu'ils descendaient dans quelques fonds[2].
140 Ils heurtèrent à la porte, et une bonne femme vint leur ouvrir.
Elle leur demanda ce qu'ils voulaient ; le Petit Poucet lui dit
qu'ils étaient de pauvres enfants qui s'étaient perdus dans la
forêt, et qui demandaient à coucher par charité. Cette femme
les voyant tous si jolis se mit à pleurer, et leur dit :
145   « Hélas ! mes pauvres enfants, où êtes-vous venus ? Savez-
vous bien que c'est ici la maison d'un ogre qui mange les
petits enfants ?
       – Hélas ! Madame, lui répondit le Petit Poucet, qui trem-
blait de toute sa force aussi bien que ses frères, que ferons-
150 nous ? Il est bien sûr que les loups de la forêt ne manqueront

---

1. **Comme d'une** : comme celle d'une.
2. **Fonds** : endroits creux.

pas de nous manger cette nuit, si vous ne voulez pas nous retirer[1] chez vous. Et cela étant, nous aimons mieux que ce soit Monsieur qui nous mange ; peut-être qu'il aura pitié de nous, si vous voulez bien l'en prier. »

155 La femme de l'ogre qui crut qu'elle pourrait les cacher à son mari jusqu'au lendemain matin, les laissa entrer et les mena se chauffer auprès d'un bon feu ; car il y avait un mouton tout entier à la broche pour le souper de l'ogre. Comme ils commençaient à se chauffer, ils entendirent heurter trois
160 ou quatre grands coups à la porte : c'était l'ogre qui revenait. Aussitôt sa femme les fit cacher sous le lit et alla ouvrir la porte. L'ogre demanda d'abord si le souper était prêt, et si on avait tiré du vin, et aussitôt se mit à table. Le mouton était encore tout sanglant, mais il ne lui en sembla que meil-
165 leur. Il fleurait[2] à droite et à gauche, disant qu'il sentait la chair fraîche.

« Il faut, lui dit sa femme, que ce soit ce veau que je viens d'habiller[3] que vous sentez.

– Je sens la chair fraîche, te dis-je encore une fois, reprit
170 l'ogre, en regardant sa femme de travers, et il y a ici quelque chose que je n'entends[4] pas. » En disant ces mots, il se leva de table, et alla droit au lit.

« Ah, dit-il, voilà donc comme tu veux me tromper, mau-dite femme ! Je ne sais à quoi il tient que je ne te mange
175 aussi ; bien t'en prend d'être une vieille bête. Voilà du gibier qui me vient bien à propos pour traiter[5] trois ogres de mes amis qui doivent me venir voir ces jours ici[6]. » Il les tira de dessous le lit l'un après l'autre. Ces pauvres enfants se mirent à genoux en lui demandant pardon ; mais ils avaient à faire
180 au plus cruel de tous les ogres, qui bien loin d'avoir de la

---

1. **Retirer** : ici, accueillir.
2. **Il fleurait** : il flairait.
3. **Habiller** : écorcher un animal et préparer sa viande pour la consommer.
4. **Je n'entends pas** : je ne comprends pas.
5. **Traiter** : recevoir.
6. **Ces jours ici** : ces jours-ci.

pitié les dévorait déjà des yeux, et disait à sa femme que ce serait là de friands[1] morceaux lorsqu'elle leur aurait fait une bonne sauce. Il alla prendre un grand couteau, et en approchant de ces pauvres enfants, il l'aiguisait sur une longue
185 pierre qu'il tenait à sa main gauche. Il en avait déjà empoigné un, lorsque sa femme lui dit :

« Que voulez-vous faire à l'heure qu'il est ? N'aurez-vous pas assez de temps demain matin ?

– Tais-toi, reprit l'ogre, ils en seront plus mortifiés[2].

190 – Mais vous avez encore là tant de viande, reprit sa femme ; voilà un veau, deux moutons et la moitié d'un cochon !

– Tu as raison, dit l'ogre ; donne-leur bien à souper, afin qu'ils ne maigrissent pas, et va les mener coucher. »

195 La bonne femme fut ravie de joie, et leur porta bien à souper, mais ils ne purent manger tant ils étaient saisis de leur peur. Pour l'ogre, il se remit à boire, ravi d'avoir de quoi si bien régaler ses amis. Il but une douzaine de coups plus qu'à l'ordinaire, ce qui lui donna un peu dans la tête, et
200 l'obligea de s'aller coucher.

L'ogre avait sept filles, qui n'étaient encore que des enfants. Ces petites ogresses avaient toutes le teint fort beau, parce qu'elles mangeaient de la chair fraîche comme leur père ; mais elles avaient de petits yeux gris et tout ronds, le nez
205 crochu et une fort grande bouche avec de longues dents fort aiguës et fort éloignées l'une de l'autre. Elles n'étaient pas encore fort méchantes ; mais elles promettaient beaucoup, car elles mordaient déjà les petits enfants pour en sucer le sang. On les avait fait coucher de bonne heure, et elles étaient
210 toutes sept dans un grand lit, ayant chacune une couronne d'or sur la tête. Il y avait dans la même chambre un autre lit de la même grandeur ; ce fut dans ce lit que la femme de l'ogre mit coucher les sept petits garçons ; après quoi, elle

---

1. **Friands** : délectables, délicieux.
2. **Ils en seront plus mortifiés** : leur chair sera plus tendre.

s'alla coucher auprès de son mari. Le Petit Poucet qui avait
215 remarqué que les filles de l'ogre avaient des couronnes d'or
sur la tête, et qui craignait qu'il ne prît à l'ogre quelque
remords de ne les avoir pas égorgés dès le soir même, se leva
vers le milieu de la nuit, et prenant les bonnets de ses frères
et le sien, il alla tout doucement les mettre sur la tête des sept
220 filles de l'ogre, après leur avoir ôté leurs couronnes d'or qu'il
mit sur la tête de ses frères et sur la sienne, afin que l'ogre
les prît pour ses filles, et ses filles pour les garçons qu'il voulait égorger. La chose réussit comme il l'avait pensé ; car
l'ogre s'étant éveillé sur le minuit eut regret d'avoir différé au
225 lendemain ce qu'il pouvait exécuter la veille ; il se jeta donc
brusquement hors du lit, et prenant son grand couteau :

« Allons voir, dit-il, comment se portent nos petits drôles,
n'en faisons pas à deux fois[1]. »

Il monta donc à tâtons à la chambre de ses filles et s'ap-
230 procha du lit où étaient les petits garçons, qui dormaient
tous, excepté le Petit Poucet, qui eut bien peur lorsqu'il sentit
la main de l'ogre qui lui tâtait la tête, comme il avait tâté
celles de tous ses frères. L'ogre, qui sentit les couronnes
d'or :

235 « Vraiment, dit-il, j'allais faire là un bel ouvrage ; je vois
bien que je bus trop hier au soir. »

Il alla ensuite au lit de ses filles, où ayant senti les petits
bonnets des garçons :

« Ah ! les voilà, dit-il, nos gaillards ! Travaillons hardiment. »
240 En disant ces mots, il coupa sans balancer[2] la gorge à ses
sept filles. Fort content de cette expédition, il alla se recoucher
auprès de sa femme. Aussitôt que le Petit Poucet entendit
ronfler l'ogre, il réveilla ses frères, et leur dit de s'habiller
promptement et de le suivre. Ils descendirent doucement dans
245 le jardin, et sautèrent par-dessus les murailles. Ils coururent

---

1. **N'en faisons pas à deux fois** : n'attendons pas plus longtemps.
2. **Balancer** : hésiter.

En disant ces mots, il coupa sans balancer la gorge à ses sept filles.
Gravure d'après Gustave Doré pour les Éditions Hetzel, 1861.

presque toute la nuit, toujours en tremblant et sans savoir où
ils allaient. L'ogre s'étant éveillé dit à sa femme :

« Va-t'en là-haut habiller[1] ces petits drôles d'hier au
soir. »

250 L'ogresse fut fort étonnée de la bonté de son mari, ne se
doutant point de la manière qu'il entendait qu'elle les habil-
lât, et croyant qu'il lui ordonnait de les aller vêtir, elle monta
en haut où elle fut bien surprise lorsqu'elle aperçut ses sept
filles égorgées et nageant dans leur sang. Elle commença par

_____

1. **Habiller** : voir note 3 page 105. Le mot est pris ici dans ses deux sens
de « écorcher » et « vêtir », selon qu'on se place du point de vue de l'ogre
ou de sa femme.

255 s'évanouir (car c'est le premier expédient[1] que trouvent presque toutes les femmes en pareilles rencontres[2]). L'ogre, craignant que sa femme ne fût trop longtemps à faire la besogne dont il l'avait chargée, monta en haut pour lui aider[3]. Il ne fut pas moins étonné que sa femme lorsqu'il vit 260 cet affreux spectacle.

« Ah ! qu'ai-je fait là ? s'écria-t-il. Ils me le payeront, les malheureux, et tout à l'heure[4]. »

Il jeta aussitôt une potée[5] d'eau dans le nez de sa femme et l'ayant fait revenir :

265 « Donne-moi vite mes bottes de sept lieues, lui dit-il, afin que j'aille les attraper. »

Il se mit en campagne, et après avoir couru bien loin de tous côtés, enfin il entra dans le chemin où marchaient ces pauvres enfants qui n'étaient plus qu'à cent pas du logis de 270 leur père. Ils virent l'ogre qui allait de montagne en montagne, et qui traversait des rivières aussi aisément qu'il aurait fait[6] le moindre ruisseau. Le Petit Poucet, qui vit un rocher creux proche le lieu où ils étaient, y fit cacher ses six frères, et s'y fourra aussi, regardant toujours ce que l'ogre devien-275 drait. L'ogre qui se trouvait fort las du long chemin qu'il avait fait inutilement (car les bottes de sept lieues fatiguent fort leur homme), voulut se reposer, et par hasard il alla s'asseoir sur la roche où les petits garçons s'étaient cachés. Comme il n'en pouvait plus de fatigue, il s'endormit après 280 s'être reposé quelque temps, et vint à ronfler si effroyablement que les pauvres enfants n'en eurent pas moins de peur que quand il tenait son grand couteau pour leur couper la gorge. Le Petit Poucet en eut moins de peur, et dit à ses frères de s'enfuir promptement à la maison pendant que l'ogre dor-

---

1. **Expédient** : solution.
2. **En pareilles rencontres** : dans de tels cas, dans de telles circonstances.
3. **Lui aider** : l'aider.
4. **Tout à l'heure** : immédiatement.
5. **Potée** : pot.
6. **Qu'il aurait fait** : qu'il aurait traversé.

285 mait bien fort, et qu'ils ne se missent point en peine[1] de lui.
Ils crurent son conseil, et gagnèrent vite la maison. Le Petit
Poucet s'étant approché de l'ogre lui tira doucement ses
bottes, et les mit aussitôt. Les bottes étaient fort grandes et
fort larges ; mais comme elles étaient fées[2], elles avaient le
290 don de s'agrandir et de s'apetisser selon la jambe de celui qui
les chaussait, de sorte qu'elles se trouvèrent aussi justes à ses
pieds et à ses jambes que si elles avaient été faites pour lui.
Il alla droit à la maison de l'ogre où il trouva sa femme qui
pleurait auprès de ses filles égorgées.

295   « Votre mari, lui dit le Petit Poucet, est en grand danger ;
car il a été pris par une troupe de voleurs qui ont juré de le
tuer s'il ne leur donne tout son or et tout son argent. Dans
le moment qu'ils lui tenaient le poignard sur la gorge, il m'a
aperçu et m'a prié de vous venir avertir de l'état où il est, et
300 de vous dire de me donner tout ce qu'il a vaillant[3] sans en
rien retenir, parce qu'autrement ils le tueront sans miséricorde. Comme la chose presse beaucoup, il a voulu que je
prisse ses bottes de sept lieues que voilà pour faire diligence[4],
et aussi afin que vous ne croyiez pas que je sois un
305 affronteur[5]. »

La bonne femme fort effrayée lui donna aussitôt tout ce
qu'elle avait : car cet ogre ne laissait pas[6] d'être fort bon
mari, quoiqu'il mangeât les petits enfants. Le Petit Poucet
étant donc chargé de toutes les richesses de l'ogre s'en revint
310 au logis de son père, où il fut reçu avec bien de la joie.

Il y a bien des gens qui ne demeurent pas d'accord de cette
dernière circonstance, et qui prétendent que le Petit Poucet
n'a jamais fait ce vol à l'ogre ; qu'à la vérité, il n'avait pas

---

1. **Qu'ils ne se missent point en peine** : qu'ils ne se préoccupent pas.
2. **Fées** : enchantées.
3. **Vaillant** : de valeur.
4. **Faire diligence** : faire vite.
5. **Affronteur** : imposteur, menteur.
6. **Ne laissait pas** : ne manquait pas.

fait conscience[1] de lui prendre ses bottes de sept lieues, parce
315 qu'il ne s'en servait que pour courir après les petits enfants.
Ces gens-là assurent le savoir de bonne part[2], et même pour
avoir bu et mangé dans la maison du bûcheron. Ils assurent
que lorsque le Petit Poucet eut chaussé les bottes de l'ogre, il
s'en alla à la cour, où il savait qu'on était fort en peine d'une
320 armée qui était à deux cents lieues de là, et du succès[3] d'une
bataille qu'on avait donnée. Il alla, disent-ils, trouver le roi,
et lui dit que s'il le souhaitait, il lui rapporterait des nouvelles
de l'armée avant la fin du jour. Le roi lui promit une grosse
somme d'argent s'il en venait à bout. Le Petit Poucet rapporta
325 des nouvelles dès le soir même, et cette première course
l'ayant fait connaître, il gagnait tout ce qu'il voulait ; car le
roi le payait parfaitement bien pour porter ses ordres à l'armée, et une infinité de dames lui donnaient tout ce qu'il voulait pour avoir des nouvelles de leurs amants, et ce fut là son
330 plus grand gain. Il se trouvait quelques femmes qui le char-
geaient de lettres pour leurs maris, mais elles le payaient si
mal, et cela allait à si peu de chose, qu'il ne daignait mettre
en ligne de compte ce qu'il gagnait de ce côté-là. Après avoir
fait pendant quelque temps le métier de courrier[4], et y avoir
335 amassé beaucoup de bien, il revint chez son père, où il n'est
pas possible d'imaginer la joie qu'on eut de le revoir. Il mit
toute sa famille à son aise. Il acheta des offices de nouvelle
création[5] pour son père et pour ses frères ; et par là il les
établit tous, et fit parfaitement bien sa cour[6] en même temps.

---

1. **Il n'avait pas fait conscience** : il n'avait pas eu de scrupule, il n'avait pas
hésité.
2. **De bonne part** : selon une source sûre.
3. **Succès** : résultat (que ce résultat soit une réussite ou un échec).
4. **Courrier** : messager.
5. **Offices de nouvelle création** : responsabilité publique qui n'avait pas été
attribuée jusqu'à présent.
6. **Fit sa cour** : honnora le roi.

MORALITÉ

340   *On ne s'afflige point d'avoir beaucoup d'enfants,*
      Quand ils sont tous beaux, bien faits et bien grands,
        Et d'un extérieur qui brille ;
      Mais si l'un d'eux est faible ou ne dit mot,
      On le méprise, on le raille, on le pille[1] ;
345   *Quelquefois cependant c'est ce petit marmot*
  Qui fera le bonheur de toute la famille.

---

1. **On le pille :** on l'attaque en paroles, on dit du mal de lui.

L'HISTOIRE

• Résumez l'histoire.
• Décomposez ce résumé en étapes distinctes. Quelles sont la situation initiale et la situation finale ? Quel est l'élément transformateur ?
• Décrivez précisément la situation initiale : est-elle réaliste ? L'élément transformateur est-il surnaturel ?
• Quelle partie de l'histoire se répète ? Qu'est-ce qui change ?
• Faites le schéma actantiel du conte. Qui est le sujet ? Quel est l'objet de la quête ? Quels sont les adjuvants ? les opposants ?

LES THÈMES

• Quels sont les personnages féminins du conte ? Étudiez plus particulièrement les lignes 26 à 96, 145 à 197 et 249 à 308. Quelle image de la femme cela donne-t-il ?
• Que signifie le surnom du héros ? Cela correspond-il à son caractère ?

DE LA LECTURE À L'ÉCRITURE

• Imaginez que vous soyez perdu(e) dans un lieu que vous ne connaissez pas. Que feriez-vous ?

Comment lire l'œuvre

Pas dans le Quiz.

Les contes de fées et le récit
Une logique surnaturelle

Dans les contes, le merveilleux ne réside pas seulement dans les objets magiques, les personnages et les événements surnaturels, mais aussi dans le récit et dans l'enchaînement des événements. Certains contes ne comportent pratiquement pas d'événements surnaturels, comme *La Barbe bleue*. Pourtant, dans ce conte comme dans tous les autres, les événements s'enchaînent de façon déterminée. Certes la jeune héroïne a désobéi à son mari, qui s'en est aperçu. Il veut la punir en la tuant, comme les sept autres épouses, et l'on voit mal ce qui pourrait l'en empêcher. Peut-être les frères de son épouse, s'ils arrivent, mais rien n'est moins sûr : la sœur Anne ne voit « rien venir », que « le soleil qui poudroie et l'herbe qui verdoie ». Et pourtant, dès le début du conte et tout au long de son déroulement, nous savons que l'héroïne sera sauvée, qu'elle ne peut qu'être sauvée.

De même, la Belle au bois dormant est condamnée à mourir à l'âge de seize ans, mais, comme par hasard, une jeune fée qui s'est cachée derrière la tapisserie peut réparer le méfait de la vieille fée et transformer la mort en sommeil de cent ans. Comme par hasard encore, un prince charmant passe par là au bout de cent ans et délivre la jeune fille du sommeil par un baiser. Puis, malgré la haine de la mère du Prince, qui veut tuer ses deux petits-enfants et sa belle-fille, la Belle au bois dormant et ses enfants sont sauvés par le chasseur. Découverts par l'ogresse, ils risquent une nouvelle fois la mort, mais, comme par magie, le prince rentre juste à temps pour les sauver une nouvelle fois.

Dans *Le Petit Poucet*, de la même façon, plusieurs événements viennent menacer la survie de Poucet et de ses frères (une première famine, une deuxième, puis la rencontre avec l'ogre) mais, chaque fois, les choses s'arrangent (grâce aux cailloux, puis à la ruse du petit Poucet et aux bottes de sept lieues).

On peut en dire autant de tous les contes. Chaque fois, la magie du conte merveilleux opère et le héros est sauvé. C'est grâce à cette certitude qu'on accepte, le temps du conte, toutes les invraisemblances qu'il contient. Pour le plaisir de savoir que malgré les dangers, tout finira par s'arranger. Bref, le récit, dans le conte, est commandé par une logique où rien n'est laissé au hasard, une logique surnaturelle.

Le schéma narratif des contes

• On remarque assez facilement une certaine ressemblance dans la structure des contes merveilleux. Ils obéissent toujours au même schéma. Le hasard n'y existe pas, tout y est soumis à un déroulement fixe. De nombreux auteurs qui ont étudié les contes de fées ont fait des observations qui vont dans ce sens. Contrairement au roman, donc, le conte ne cherche pas à restituer l'épaisseur et la complexité du réel, il est une sorte de mécanique. Ça commence toujours mal, et l'on sait que ça finira toujours bien. Allons un peu plus loin : on se rend compte que ça commence toujours mal à cause de méchants qui commettent un méfait ou d'une injustice, que le héros est le plus souvent obligé de partir – il est bien rare que le conte ne relate pas un déplacement –, qu'il va rencontrer des gens qui vont l'aider, qu'il va subir des épreuves dangereuses mais qu'il va les surmonter et être récompensé, que l'injustice du début sera réparée, et que le tout se conclura par un mariage. Certains chercheurs ont découvert une structure commune à tous les contes merveilleux. Cette structure est composée d'éléments qu'on appellera « étapes ».

• La première étape d'un conte est la « situation initiale ». Elle présente le lieu, le temps et les personnages. Le plus souvent, le lieu et le temps sont relativement indéterminés. Le temps du conte se situe dans un passé imaginaire, représenté par la célèbre formule « il était une fois ». Souvent le lieu n'est pas indiqué : il peut s'agir d'un village *(Le Petit Chaperon rouge)*, d'une maison à la campagne *(La Barbe bleue)*, mais la plupart du temps, le conte ne donne aucune indication de lieu. Le conte se situe alors, de façon implicite, dans le royaume des personnages, qui sont souvent des rois ou des reines, dans une ville indéterminée (*Cendrillon*), près d'une forêt *(Le Petit Poucet)*.

La situation initiale présente aussi les personnages principaux et l'état dans lequel ils se trouvent au début du conte. Prenons quelques exemples. Dans *Le Petit Chaperon rouge*, la situation initiale est celle d'une jolie petite fille de village qui vit avec sa mère et sa grand-mère. La situation initiale de *Cendrillon* est celle d'une jeune fille qui vit avec sa belle-mère et les deux filles de celle-ci, et qui est réduite par elles à accomplir les travaux du ménage.

• La seconde étape est ce qu'on appelle « l'élément perturbateur ». C'est l'événement qui perturbe l'équilibre de la situation initiale et fait démarrer l'action du conte. Dans *Le Petit Chaperon rouge*, l'élément perturbateur est la demande que fait la mère au Petit Chaperon rouge d'aller porter à sa grand-mère une galette et un petit pot de beurre. Dans *Cendrillon*, l'élément perturbateur est l'annonce du bal, qui va conduire Cendrillon à vouloir y aller, et entraîner l'apparition de sa marraine qui voudra l'aider.

• Les étapes suivantes, qu'on appelle « séquences », sont chacune des actions accomplies par le héros pour atteindre son objectif. Ces séquences peuvent améliorer la situation du héros : on parlera alors d'« amélioration ». C'est le cas de la séquence où la Fée intervient pour aider Cendrillon et lui donne les moyens d'aller au bal. Au contraire, lorsque la situation empire pour le héros, on parle de « dégradation ». C'est le cas de la séquence où le Petit Chaperon rouge répond au Loup et lui donne des indications sur l'endroit où elle se rend, ce qui va entraîner sa perte.

• La dernière étape du conte est appelée « situation finale ». Le héros a atteint un nouvel état, meilleur en général que l'état initial. Par exemple, dans la situation initiale du *Chat botté*, le héros était seul et pauvre, n'ayant que son chat pour tout héritage. Dans la situation finale, au contraire, il est devenu riche et a épousé la fille d'un roi.

Ainsi les contes suivent-ils toujours le même schéma narratif d'ensemble. Une situation initiale, modifiée par un élément perturbateur, fait tomber le héros dans une série d'épreuves qui le mènent à un état final où sa situation s'est transformée.

• Cette structure de base peut être modifiée et donner lieu à des schémas narratifs plus complexes. Par exemple, une séquence peut être redoublée. C'est le cas dans plusieurs des contes de Perrault : ainsi Cendrillon va au bal à deux reprises et le Chat botté utilise plusieurs fois la même ruse pour obliger les paysans à dire qu'ils appartiennent à son maître le marquis de Carrabas. Parfois, deux personnages vont vivre la même situation, mais chacun s'en sortira différemment : dans *Les Fées*, la fille cadette va à la fontaine, donne à boire à la vieille femme et est récompensée ; la fille aînée se rend à la fontaine, mais refuse de donner à boire à la femme qu'elle rencontre, et elle est punie.

Les personnages du conte

De même que dans la structure du récit, on peut trouver des constantes dans les rapports que les personnages entretiennent entre eux et dans le rôle qu'ils jouent dans l'action. Pour décrire ces rapports, on utilise le schéma actantiel du conte.

Les actants sont les forces qui agissent dans le conte. Un actant peut donc être un personnage, mais aussi un groupe de personnages ou encore une abstraction, une qualité, un trait de caractère. Le schéma actantiel comporte six actants.

Le sujet

Le sujet est le héros du conte, celui autour duquel s'organise l'action. Le conte est le récit de sa transformation, de son évolution entre la situation initiale et la situation finale.

L'objet

L'objet est ce que le sujet cherche à obtenir ou à atteindre. C'est le but de l'action.

Le destinateur

Le destinateur est le personnage ou la force qui pousse le sujet à agir, ou qui lui donne une mission à accomplir.

celui qui l'envoie

Le destinataire

Le destinataire est le personnage ou le motif qui pousse le personnage à agir ou à accomplir une mission. C'est celui dans l'intérêt duquel l'action est accomplie.

celui pour qui il est envoyé

L'adjuvant

L'adjuvant est le personnage, le groupe de personnages ou encore l'instrument, l'objet magique qui aide le sujet dans sa quête de l'objet.

L'opposant

L'opposant est ce qui fait obstacle au sujet dans l'accomplissement de sa quête.

Pour bien comprendre le schéma actantiel, prenons un exemple, celui de *Cendrillon*. L'amour (destinateur) pousse Cendrillon (sujet) à aller au bal et à conquérir le Prince (objet), dans l'intérêt de son bonheur (destinataire). Sa marraine la fée (adjuvant) l'aide à atteindre ce but alors que sa belle-mère et ses sœurs (opposants) cherchent à l'en empêcher.

On notera cependant que certains actants peuvent être absents du schéma. Par exemple, dans *Le Petit Chaperon rouge,* le sujet est la petite fille, l'objet est la mission d'apporter à sa grand-mère une galette et un petit pot de beurre, le destinateur est la mère, qui charge sa fille de la mission, le destinataire est la grand-mère et l'opposant est le Loup. En revanche, il n'y a pas d'adjuvant dans *Le Petit Chaperon rouge*, tout du moins dans la version qu'en a donné Perrault (voir p. 127-133).

D'autre part le schéma actantiel met en évidence l'organisation des forces à l'œuvre dans le conte autour de la relation Sujet/Objet. On peut, pour un même conte, confronter plusieurs schémas, si l'on considère que chaque personnage poursuit un but qui lui est propre. Reprenons l'exemple de Cendrillon et élaborons le schéma actantiel des deux sœurs. Les deux sœurs (sujet) cherchent à épouser le prince (objet). Elles y sont poussées par l'amour (destinateur), dans l'intérêt de leur propre bonheur (destinataire). Pour cela, elles sont aidées par leur mère (adjuvant) mais leur but est contrarié par Cendrillon et par sa marraine (opposants).

Le merveilleux

Il existe de très nombreuses catégories de contes : les contes pour rire, les anecdotes, les contes réalistes, les contes merveilleux et bien d'autres encore. Les *Contes* de Perrault font globalement partie des contes merveilleux. On définira le merveilleux par opposition à deux autres catégories de la fiction qui sont le fantastique et l'étrange. Selon le critique Tzvetan Todorov, « le fantastique ne dure que le temps d'une hésitation : hésitation commune au lecteur et au personnage, qui doivent décider si ce qu'ils perçoivent relève ou non de la "réalité" telle qu'elle existe pour l'opinion commune ». À la fin d'un récit fantastique, le lecteur (et parfois le personnage) décide si ce qu'il a lu relève des lois de la réalité, qui permettent de l'expliquer, ou de l'irréel. Dans le premier cas, il retombe dans le domaine de l'étrange, dans le second cas, dans celui du merveilleux. Le merveilleux existe dans un texte dès que s'y produisent des événements qui ne peuvent pas s'expliquer selon les lois du monde réel, et dès que les lois surnaturelles qui régissent l'univers décrit sont acceptées par les personnages.

Les contes de fées sont une catégorie particulière du merveilleux. Le sommeil de cent ans, le loup qui parle, les bottes de sept lieues, les noisettes qui contiennent des carrosses, l'oiseau bleu, le génie enfermé dans une bouteille sont des éléments qui permettent de ranger ces contes dans la catégorie du merveilleux. À aucun moment nous ne nous étonnons ni ne nous inquiétons de voir surgir de la forêt le loup qui parle ou l'ogre qui dévore les enfants ; jamais nous ne trouvons étrange ou impossible que le héros trouve des bottes qui permettent de franchir sept lieues en une seule enjambée ou qu'un chat se mette à parler.

Le contrat de l'auditeur avec le conteur, ou du lecteur avec le rédacteur de conte, est un contrat de pure convention, ce qui, encore une fois, semble mettre l'accent sur la *relation* du conteur à l'auditeur, plus que sur le processus de représentation. En un sens, écouter un conte merveilleux, c'est s'abandonner à la fantaisie imaginatrice de la personne qui parle, qui offre le conte ; c'est lui dire : « Parle-moi, raconte-moi une histoire, pourvu que tu me parles je serai content, pourvu que nous jouions, toi à inventer, et moi à croire. » Le merveilleux est donc une convention où les règles de la vraisemblance la plus élémentaire sont suspendues. Dans le monde des contes merveilleux les règles de la vie quotidienne, du sens commun, n'ont plus cours. C'est, pour ainsi dire, un monde à part.

Le conte possède donc un caractère de fiction avouée. Entrer dans l'univers du conte, c'est sortir du monde de tous les jours pour entrer dans un univers à part, et le conteur est un intercesseur entre le monde réel et l'univers imaginaire qu'il vient de créer. Le « Il était une fois… » initial du conte fonctionne comme une formule magique, qui transporte l'auditeur ou le lecteur dans un autre temps et un autre lieu.

Des contes populaires aux contes de Perrault

Des contes humanisés

« Le conte merveilleux, écrit un spécialiste, abolit les clôtures dont notre monde est hérissé. » Dans l'univers du conte merveilleux, le héros est en contact avec la nature. Les plantes, les animaux parlent, communiquent avec nous, peuvent nous porter secours. Or, les contes littéraires sont plus souvent centrés sur l'humain. Des rôles tenus par des animaux dans les versions folkloriques sont tenus par des humains dans les *Contes* de Perrault. Dans certaines versions orales de *La Barbe bleue*, par exemple, l'héroïne envoie, pour prévenir ses frères, un oiseau ou une petite chienne, au lieu de la sœur Anne ; dans certaines versions de *Cendrillon* les robes de Cendrillon sont issues de petits fruits, noix ou noisettes.

Plus de psychologie

Les contes populaires, dans leurs versions orales, ne font aucune place à la psychologie des personnages. Ce sont des êtres sans épaisseur, simplement porteurs de leurs actes. Ils sont mus par des causes extérieures, contrairement aux personnages romanesques, dont les actions résultent de motivations psychologiques. C'est pourquoi ils se chargent de toutes les projections, de tous les fantasmes.

Quand ils sont transcrits dans une forme écrite, comme c'est le cas pour les *Contes* de Perrault, les personnages du conte tendent à ressembler davantage à des personnages de roman. Des caractéristiques psychologiques sont indiquées par l'auteur pour expliquer les actes des personnages et les rendre plus vraisemblables. On en trouvera de nombreux exemples dans ce recueil, par exemple dans *La Belle au bois dormant* : « La belle se perça la main, parce qu'elle était fort vive, et étourdie », ou dans *Le Petit Chaperon rouge* : « La pauvre enfant, qui ne savait pas qu'il est dangereux de s'arrêter à écouter un Loup… ».

Censure et réécriture

Le conteur, quand il s'adresse à un public plus policé, est souvent amené à censurer certains éléments des contes populaires. Par exemple, la majorité des versions orales racontent que Cendrillon, quand elle n'a rien à faire, se réfugie dans les cendres, et jette du sel sur les cendres pour faire croire qu'elle a des poux et qu'on la laisse tranquille. Ce motif, appartenant au registre du sale, est censuré dans les versions écrites, notamment celle de Perrault. De la même façon, la plupart des versions orales du *Petit Chaperon rouge* racontent que la petite fille, avant de rejoindre le Loup dans son lit, mange, sans le savoir, la chair de sa grand-mère. Cet élément disparaît de la version de Perrault, par souci de ne pas choquer ses lecteurs.

À l'inverse, des éléments peuvent être ajoutés par le conteur savant pour actualiser le conte et l'ancrer dans une histoire.

C'est le cas dans *La Belle au bois dormant*, quand l'ogresse prétend manger le petit jour « à la sauce Robert » ou dans *Le Petit Poucet*, qui fait allusion à la terrible famine de 1693. Enfin certaines adjonctions sont liées, dans les *Contes* de Perrault, à ce que Marc Soriano a appelé « l'équation personnelle de Charles Perrault » : par exemple, dans *Le Petit Poucet*, « sa mère aimait tellement les enfants qu'elle n'en faisait jamais que deux à la fois ». Ce motif, apparemment gratuit, sans lien avec les versions populaires, est à peu près inexplicable si on ne le met pas en rapport avec le fait que Perrault est né jumeau, que son frère jumeau est mort à l'âge de six mois, et que, toute sa vie, Perrault a sans doute (c'est en tout cas la thèse de Soriano) été obsédé par ce frère perdu.

Il y a aussi chez Perrault une série d'indications, de descriptions liées à la réalité de la France du XVIIe siècle. Dans *Cendrillon*, les « chambres parquetées », les « lits des plus à la mode », les « miroirs où elles se voyaient depuis les pieds jusqu'à la tête », les « manchettes godronnées », l'« habit de velours rouge », les « cornettes à deux rangs » sont autant de références à la façon dont les bourgeois de l'époque se logeaient, se meublaient ou s'habillaient. Les miroirs, par exemple, étaient le signe d'un grand luxe. Ces notations descriptives n'ont pas grand-chose à voir avec les versions populaires du conte de *Cendrillon*, mais sont un élément de connivence avec le lecteur contemporain de Perrault.

Le style de Perrault

S'il a modifié ce que les contes pouvaient avoir de trop brutal ou de trop trivial, Perrault s'est efforcé de rétablir, par son style, toute la vivacité d'un récit oral. Pour cela, il utilise différents moyens :

• Le passage au style direct, par exemple dans *La Belle au bois dormant*, quand la plus jeune des fées sort de derrière la tapisserie et que Perrault lui donne la parole, alors que les vœux des autres fées étaient au style indirect : « Rassurez-vous, Roi et Reine, votre fille ne mourra pas. [...] La princesse se percera la main d'un fuseau ; mais au lieu d'en mourir... »

• L'utilisation du dialogue, comme lors de la rencontre entre la Belle au bois dormant et la vieille qui file sa quenouille : « Que faites-vous là ma bonne femme ? dit la princesse. – Je file, ma belle enfant, lui répondit la vieille… ». *Le Petit Chaperon rouge* contient de nombreux dialogues qui rendent le Loup et le Petit Chaperon rouge plus directement présents.

• Le présent de narration, utilisé pour animer le récit : « … elle s'en perça la main, et tomba évanouie. La bonne vieille, bien embarrassée, crie au secours : on vient de tous côtés, on jette de l'eau au visage de la princesse, on la délace, on lui frappe les mains… » *(La Belle au bois dormant)*.

• L'humour, très présent dans les *Contes* de Perrault, sous forme d'allusions et de sous-entendus qui font appel au bon sens du lecteur : « Cependant tout le Palais s'était réveillé avec la princesse ; chacun songeait à faire sa charge, et comme ils n'étaient pas tous amoureux, ils mourraient de faim… » *(La Belle au bois dormant),* ou encore : « il était de l'humeur de beaucoup d'autres gens qui aiment fort les femmes qui disent bien, mais qui trouvent très importunes celles qui ont bien dit » *(Le Petit Poucet).*

• Les indications de ton : parfois, Perrault indique dans son récit comment dire le conte à haute voix. Par exemple, dans *Le Petit Chaperon rouge*, quand le Loup arrive chez la grand-mère : « Toc, toc. "Qui est là ? – C'est votre fille, le Petit Chaperon rouge" (dit le Loup en contrefaisant sa voix)… » En marge de ce passage, Perrault avait inscrit, sur son manuscrit : « Ces paroles seront dites d'une voix forte. » Une fois installé dans le lit, le Loup répond au Petit Chaperon rouge : « Le Loup lui cria en adoucissant un peu sa voix : "Tire la chevillette, la bobinette cherra." »

• Enfin, Perrault a eu le soin de reproduire les formulettes et les répétitions qui sont la marque du conte traditionnel et qui le rythment. On en trouve des exemples dans *La Barbe bleue* (« "Anne, ma sœur Anne, ne vois tu rien venir ?" Et la sœur Anne répondait : "Je ne vois rien que le soleil qui poudroie et l'herbe qui verdoie." »), dans *Le Chat botté* (« Vous serez tous hachés menu comme chair à pâté »), ou encore dans *Le Petit Chaperon rouge* (« – Ma mère-grand, comme vous avez de grands bras ! [...] – Ma mère-grand, comme vous avez de grandes jambes ! [...] – Ma mère-grand, comme vous avez de grandes oreilles ! [...] – Ma mère-grand, comme vous avez de grands yeux !... »). Ces répétitions permettaient, dans les contes traditionnels, de mieux mémoriser le conte.

Correspondances
Le Petit Chaperon rouge

• Jacob et Wilhelm Grimm, *Le Petit Chaperon rouge*.
• *Le Bzou*, version nivernaise du *Petit Chaperon rouge*.
• *La Fille et le Loup*, version du Velay du *Petit Chaperon rouge*.

–1

Il y avait une fois une jolie petite fille que tout le monde aimait. Sa grand-mère l'aimait tellement qu'elle la couvrait de cadeaux. Un jour, elle lui offrit un petit chaperon de velours rouge. La petite fille aimait tellement ce petit chapeau qu'elle ne voulait jamais s'en séparer. C'est pourquoi on l'appela le Petit Chaperon rouge.

Un jour, sa mère lui dit : « Ta grand-mère est malade. Apporte-lui une galette et cette bouteille de vin. Mais ne traîne pas trop en route et pars tout de suite, avant qu'il fasse trop chaud. Fais attention à ne pas courir, tu risquerais de renverser le panier. Reste sur le chemin et dis bonjour à ta grand-mère en entrant. – Oui », dit le Petit Chaperon rouge. Elle embrassa sa mère et partit vers la maison de sa grand-mère, qui était à une demi-heure de là. Dès qu'elle fut dans la forêt, le Petit Chaperon rouge rencontra le Loup. Elle ne savait pas qu'il était méchant et ne se méfia pas de lui.

« Bonjour, Petit Chaperon rouge, dit le Loup.
– Bonjour, répondit le Petit Chaperon rouge.
– Où vas-tu si tôt ? demanda le Loup.
– Chez ma grand-mère.
– Et que lui apportes-tu dans ton panier ?
– Une galette et du vin. Ma grand-mère est malade, ça lui fera du bien.

– Et où habite ta grand-mère ? demanda le Loup.

– Là-bas, dans la forêt, répondit le Petit Chaperon rouge. Tu reconnaîtras l'endroit facilement, il y a trois gros chênes et des noisetiers devant la maison. »

« Parfait, se dit le Loup. Si je m'y prends bien, je vais pouvoir manger d'abord la grand-mère, et ensuite le Petit Chaperon rouge, sa chair doit être bien tendre et savoureuse. »

Le Loup marcha un temps auprès de la fillette. Soudain, il lui dit : « Pourquoi ne profites-tu pas de cette promenade pour écouter chanter les oiseaux et cueillir un bouquet de fleurs ? »

Le soleil éclairait le sous-bois et des fleurs sauvages abondaient au milieu de l'herbe et de la mousse. Le Petit Chaperon rouge se dit qu'elle avait bien le temps et que sa grand-mère serait contente d'avoir un beau bouquet. Elle s'écarta alors du sentier et se mit à cueillir des fleurs. Petit à petit, elle s'éloigna du chemin, tandis que le Loup pris ses jambes a son cou et se dirigea directement chez la grand-mère. Arrivé devant la porte, il frappa.

« Qui est-là ? cria la grand-mère.

– C'est moi, le Petit Chaperon rouge, répondit le Loup. Je t'apporte une galette et du vin.

– Appuie sur la cheville, et la porte s'ouvrira, cria la grand-mère, je ne peux pas me lever. »

Le Loup ouvrit la porte et entra dans la maison. Puis il tira la grand-mère du lit et la dévora. Ensuite, il enfila une chemise de nuit, mit un bonnet en dentelle sur sa tête, se coucha dans le lit et tira avec soin les rideaux du lit.

Pendant ce temps, le Petit Chaperon rouge avait fait un gros bouquet qu'elle mit dans son panier. Elle se rendit compte alors que le soleil était bien haut dans le ciel et retourna sur le chemin pour rejoindre sa grand-mère. Arrivée devant la maison, elle eut la surprise de trouver la porte ouverte. Dès qu'elle fut entrée, elle eut une impression bizarre et entra dans la chambre de sa grand-mère.

« Bonjour grand-mère », dit le Petit Chaperon rouge. N'entendant aucune réponse, elle s'approcha du lit, écarta les rideaux et vit sa grand-mère, dont le visage était caché sous le bonnet. Elle avait une bien curieuse apparence.

« Grand-mère, que tu as de grandes oreilles ! dit le Petit Chaperon rouge.

– C'est pour mieux t'entendre, mon enfant.

– Grand-mère, que tu as de gros yeux !

– C'est pour mieux te voir, mon enfant.

– Grand-mère, que tu as de grandes mains !

– C'est pour mieux te prendre, mon enfant.

– Grand-mère, que tu as une grande bouche ! et de grandes dents !

– C'est pour mieux te manger ! » s'écria le Loup. Et le Loup se jeta sur le Petit Chaperon rouge et l'avala en une seule bouchée.

Une fois repu, le Loup retourna se coucher dans le lit. L'estomac lourd, il s'écroula dans un sommeil profond et se mit a ronfler très fort. Un chasseur, qui passait près de la maison, entendit les ronflements. « Pourquoi la grand-mère ronfle-t-elle si fort ? se demanda-t-il. Allons voir si elle est malade. ». Le chasseur entra dans la maison et découvrit le Loup. « Ah, c'est toi, s'écria-t-il, depuis le temps que je te chasse ! » Le chasseur épaula son fusil pour tuer le Loup, mais il se ravisa, se disant que le Loup avait peut-être mangé la grand-mère et qu'il était peut-être encore temps de la sauver. Il posa alors son fusil, prit une paire de ciseaux dans la boîte à ouvrage de la grand-mère et découpa le ventre du Loup endormi. Au deuxième ou au troisième coup de ciseaux, il vit un morceau de velours rouge. Il donna encore deux ou trois coups de ciseaux et vit le Petit Chaperon rouge qui sauta hors du ventre du Loup en s'écriant : « Oh là là, quelle peur j'ai eue ! Il faisait si noir dans le ventre du Loup. » Puis le chasseur et le Petit Chaperon rouge aidèrent la grand-mère à sortir du ventre du Loup. Comme elle était vieille et malade, elle pouvait à peine respirer.

Le Petit Chaperon rouge courut alors chercher de grosses pierres pour les mettre dans le ventre du Loup. Quand le Loup se réveilla, il voulut bondir pour s'enfuir, mais les pierres pesaient si lourd qu'il retomba mort sur le lit. Tout le monde était bien soulagé. Le chasseur prit la peau du loup et s'en retourna chez lui. La grand-mère mangea enfin la galette et but le vin que sa petite fille lui avait apportés. Pour ce qui est du Petit Chaperon rouge, elle jura que jamais plus elle ne quitterait le chemin pour aller courir dans les bois alors que sa mère le lui avait interdit.

D'après Jacob et Wilhelm Grimm,
Contes de l'enfance et du foyer, 1812.

-2-

C'était une femme qui avait fait du pain. Elle dit à sa fille :

– Tu vas porter une époigne toute chaude et une bouteille de lait à ta grand.

Voilà la petite fille partie. À la croisée de deux chemins, elle rencontra le bzou qui lui dit :

– Où vas-tu ?

– Je porte une époigne toute chaude et une bouteille de lait à ma grand.

– Quel chemin prends-tu ? dit le bzou, celui des Aiguilles ou celui des Épingles ?

– Celui des Aiguilles, dit la petite fille.

– Eh bien ! moi, je prends celui des Épingles.

La petite fille s'amusa à ramasser des aiguilles ; et le bzou arriva chez la mère-grand, la tua, mit de sa viande dans l'arche et une bouteille de sang sur la bassie. La petite fille arriva, frappa à la porte.

– Pousse la porte, dit le bzou. Elle est barrée avec une paille mouillée.

– Bonjour, ma grand, je vous apporte une époigne toute chaude et une bouteille de lait.

– Mets-les dans l'arche, mon enfant. Prends de la viande qui est dedans et une bouteille de vin qui est sur la bassie.

Suivant qu'elle mangeait, il y avait une petite chatte qui disait :

– Pue !... Salope !... qui mange la chair, qui boit le sang de sa grand.

– Dhabille-toi, mon enfant, dit le bzou, et viens te coucher vers moi.

– Où faut-il mettre mon tablier ?

– Jette-le au feu, mon enfant, tu n'en as plus besoin.

Et pour tous les habits, le corset, la robe, le cotillon, les chausses, elle lui demandait où les mettre. Et le loup répondait : « Jette-les au feu, mon enfant, tu n'en as plus besoin. »

Quand elle fut couchée, la petite fille dit :

– Oh ! ma grand, que vous êtes poilouse !

– C'est pour mieux me réchauffer, mon enfant !

– Oh ! ma grand, ces grands ongles que vous avez !

– C'est pour mieux me gratter, mon enfant !

– Oh ! ma grand, ces grandes épaules que vous avez !

– C'est pour mieux porter mon fagot de bois, mon enfant !

– Oh ! ma grand, ces grandes oreilles que vous avez !
– C'est pour mieux entendre, mon enfant !
– Oh ! ma grand, ces grands trous de nez que vous avez !
– C'est pour mieux priser mon tabac, mon enfant !
– Oh ! ma grand, cette grande bouche que vous avez !
– C'est pour mieux te manger, mon enfant !
– Oh ! ma grand, que j'ai faim d'aller dehors !
– Fais au lit, mon enfant !
– Oh ! non, ma grand, je veux aller dehors.
– Bon, mais pas pour longtemps.
Le bzou lui attacha un fil de laine au pied et la laissa aller.
Quand la petite fut dehors, elle fixa le bout du fil à un prunier de la cour. Le bzou s'impatientait et disait : « Tu fais donc des cordes ? Tu fais donc des cordes ? »
Quand il se rendit compte que personne ne lui répondait, il se jeta à bas du lit et vit que la petite était sauvée. Il la poursuivit, mais il arriva à sa maison juste au moment où elle entrait.

Le Bzou, version nivernaise du *Petit Chaperon rouge*, recueillie par Paul Delarue (*Le Conte populaire français*).

3

Une petite fille était affermée dans une maison pour garder deux vaches. Quand elle eut fini son temps, elle s'en est allée. Son maître lui donna un petit fromage et une pompette de pain.
– Tiens, ma petite, porte ça à ta mère. Ce fromage et cette pompette, y aura pour ton souper quand tu arriveras vers ta mère.
La petite prend le fromage et la pompette. Elle passa dans le bois, rencontra le loup qui lui dit :
– Où vas-tu, ma petite ?
– Je m'en vais vers ma mère. Moi j'ai fini mon gage.
– T'ont payée ?
– Oui, m'ont payée, m'ont donné encore une petite pompette, m'ont donné un fromage.
– De quel côté passes-tu pour t'en aller ?
– Je passe du côté de les épingles, et vous, de quel côté passez-vous ?
– Je passe du côté de les aiguilles.
Le loup se mit à courir, le premier, alla tuer la mère et la mangea, il en mangea la moitié, il mit le feu bien allumé, et mit cuire l'autre

moitié et ferma bien la porte. Il s'alla coucher dans le lit de la mère. La petite arriva. Elle piqua la porte :

– Ah ! ma mère, ouvrez-moi !

– Je suis malade ma petite. Je me suis couchée. Je peux pas me lever pour t'aller ouvrir. Vire la tricolète.

Quand la petite virait la tricolète, ouvrit la porte, entra dans la maison, le loup était dans le lit de sa mère.

– Ah ! ma grand'mère, que vous avez de grands yeux !

– C'est pour mieux te voir, ma fille, c'est pour mieux te voir.

– Ah ! ma grand'mère, que vous avez de grandes dents !

– C'est pour mieux manger, ma fille, c'est pour mieux manger.

Jeannette prit peur et dit :

– Ah ! ma grand'mère, que j'ai grand envie de faire !

– Fais au lit, ma fille, fais au lit.

– C'est bien sale, ma grand'mère, si vous avez peur que je m'en aille, attachez-moi un brin de laine à la jambe, quand vous serez ennuyée que je sois dehors, vous le tirerez et vous verrez que j'y suis, ça vous rassurera.

– Tu as raison, ma fille, tu as raison.

Et le monstre attacha un brin de laine à la jambe de Jeannette, puis il garda le bout dans sa main. Quand la jeune fille fut dehors, elle rompit le brin de laine et s'en alla. Un moment après, la fausse grand'mère dit :

– As-tu fait, Jeannette, as-tu fait ?

Et les mêmes voix des petits anges répondirent encore du haut de la cheminée : « Pas encore, ma grand'mère, pas encore ! » Mais quand il y eut longtemps ils dirent : « C'est fini. » Le monstre tira le brin de laine, mais il n'y avait plus rien au bout.

Ce mauvais diable se leva tout en colère et monta sur sa grande truie qu'il avait mise au *tet* (toit) et il courut après la jeune fille pour la rattraper ; il arriva à une rivière où des laveuses lavaient la *buie* (buée). Il leur dit :

Avez-vous pu passer fillon fillette,
Avec un chien *barbette* (barbet)
Qui la *suivette* (suivait).

– Oui, répondirent les laveuses, nous avons étendu un drap sur l'eau de la rivière et elle a passé dessus.

– Ah ! dit le méchant, étendez-en donc un que je passe.

Les laveuses tendirent un drap sur l'eau et le diable s'y engagea avec sa truie qui enfonça aussitôt, et il s'écria :

– Lape, lape, lape, ma grande truie, si tu ne lapes pas tout, nous nous noierons tous deux.

Mais la truie n'a pas pu tout laper, et le diable s'est noyé avec sa truie, et fillon fillette fut sauvée.

> *La Fille et le Loup*, version du Velay
> du *Petit Chaperon rouge*,
> recueillie par M. Légot (*Revue de l'Avranchin*, 1885).

Questions

• Faites un tableau à quatre colonnes et inscrivez dans la première colonne tous les personnages du conte de Perrault. Dans la colonne suivante, écrivez, sur la ligne correspondante, les personnages du conte de Grimm. Faites de même pour les deux autres contes. Ques constatez-vous ?

• Étudiez le schéma narratif des quatres contes. Quels sont les éléments communs ? Quelles sont les différences ?

• Comparez les différents dénouements. Dans quel cas la petite fille est-elle sauvée ? Se sauve-t-elle seule ou avec une aide extérieure ? Quelle différence cela entraîne-t-il sur la morale qu'on peut tirer de l'histoire ?

• Essayez de relever des différences dans le ton et le style de ces quatres contes. Comment les expliquez-vous ?

Cendrillon

• Jacob et Wilhelm Grimm, *Cendrillon*.
• *La Cendrouse*, version poitevine de *Cendrillon*.

—1

Sentant sa fin venir, la femme d'un homme très riche appela sa fille unique auprès de son lit et lui tint ce langage :

– Chère enfant, reste pieuse et bonne. Dieu te sera toujours secourable, et moi, du haut du ciel, je veillerai sur toi.

Sur quoi, elle ferma les yeux et mourut. La petite fille, chaque jour, se rendit sur sa tombe et resta pieuse et bonne. Lorsque vint l'hiver, la neige recouvrit la tombe d'un blanc manteau que le soleil fit fondre au printemps. Alors, le père se choisit une nouvelle femme.

Cette femme avait amené avec elle deux filles, belles et à la peau bien blanche, mais dont le cœur était laid et noir. Une triste période commença pour la pauvre petite.

– Cette oie stupide doit-elle habiter dans la même chambre que nous ? demandaient les deux filles.

– Qui veut manger doit travailler. À la cuisine avec la servante !

Elles lui arrachèrent ses beaux habits, lui jetèrent un vieux sarrau gris et lui donnèrent des sabots de bois.

– Regardez, comme elle est propre, la fière princesse ! s'écrièrent-elles en riant.

Et elles la conduisirent dans la cuisine. Du matin au soir, elle dut s'y livrer aux pires besognes, se lever avant le jour, porter des seaux d'eau, allumer le feu, faire la cuisine, balayer. Par-dessus le marché, les deux sœurs lui faisaient les pires misères, crachaient sur elle, répandaient les petits pois et les lentilles dans les cendres pour qu'elle soit obligée de les trier à nouveau. Le soir, quand elle était morte de fatigue, elle n'avait même pas un lit pour se reposer : elle devait se coucher dans la cendre, près du foyer. Et comme elle paraissait désormais toujours poussiéreuse et sale, on l'appela Cendrillon.

Un jour que le père avait décidé de se rendre à la foire, il demanda à ses deux belles-filles ce qu'il devrait leur en rapporter.

– De beaux vêtements, dit l'une.

– Des pertles et des diamants, dit l'autre.

– Et toi, Cendrillon, dit le père, que veux-tu ?

– Cueillez pour moi, répondit-elle, la première petite branche qui heurtera votre chapeau.

Le père acheta donc pour ses belles-filles de beaux habits, des perles et des diamants. Sur le chemin du retour, comme il chevauchait à travers un fourré, un brin de noisetier l'effleura et fit tomber son chapeau. Il coupa le rameau et l'emporta avec lui. Lorsqu'il arriva à la maison, il donna aux deux sœurs ce qu'elles avaient demandé. À Cendrillon, il remit le rameau de noisetier. Cendrillon le remercia, se rendit sur la tombe de sa mère et y planta la petite branche. Elle pleurait si fort que le rameau fut tout arrosé de larmes. Il poussa et devint un bel arbre. Cendrillon se rendait auprès de lui trois fois par jour pour pleurer et prier. Et, chaque fois, un petit oiseau blanc se posait sur l'arbre. Lorsqu'elle demandait quelque chose, du haut des branches, il lui lançait ce qu'elle désirait.

Il arriva que le roi organisa une fête qui devait durer trois jours et à laquelle les plus jolies filles du pays étaient invitées pour que son fils pût, parmi elles, trouver une épouse. Lorsque les deux sœurs apprirent qu'elles pourraient s'y rendre, toutes joyeuses, elles appelèrent Cendrillon et lui dirent :

– Coiffe-nous, brosse nos souliers, attache nos ceintures. Nous allons à la fête au château du roi.

Cendrillon obéit, pleura parce qu'elle aurait bien voulu aller danser aussi et en demanda l'autorisation à sa marâtre.

– Toi, Cendrillon, toi pleine de poussière et de saleté tu voudrais aller à la fête ! Tu n'as ni vêtements ni souliers et tu voudrais danser !

Finalement, pour répondre à ses prières, elle lui dit :

– Tiens, j'ai versé une casserolée de lentilles dans les cendres ; si tu réussis à les trier en l'espace de deux heures, tu pourras y aller.

La jeune fille sortit par la porte de derrière et cria :

– Douces colombes, gentilles tourterelles, oh ! vous, tous les oiseaux du ciel, venez et aidez-moi à trier :

> *Les bonnes dans mon petit pot*
> *Les mauvaises dans votre jabot !*

Voilà qu'arrivent à la fenêtre de la cuisine deux pigeons blancs, et puis des tourterelles ; finalement, tous les oiseaux du ciel, sifflant et volant, s'abattent dans les cendres. Et les pigeons commencèrent à picorer, pic, pic, et les autres aussi, pic, pic, pic, mettant toutes les bonnes graines dans le petit pot. Une heure à peine était écoulée, tout était fini et les oiseaux s'étaient de nouveau envolés. La jeune fille apporta la casserole à la marâtre, tout heureuse, s'imaginant qu'elle pourrait aller à la fête. Mais la méchante femme dit :

– Non, Cendrillon, tu n'as pas d'habits et tu ne sais pas danser. On se moquerait de toi.

Comme Cendrillon pleurait, elle lui dit :

– Si tu parviens à trier deux casserolées de lentilles en une heure, tu pourras venir.

Elle pensait : « Elle n'y arrivera jamais. » Après qu'elle eut jeté deux casserolées de lentilles dans les cendres, Cendrillon sortit de la cuisine par la porte de derrière et appela :

– Douces colombes, gentilles tourterelles, oh ! vous, tous les oiseaux du ciel, venez et aidez-moi à trier :

> *Les bonnes dans mon petit pot*
> *Les mauvaises dans votre jabot !*

Deux pigeons blancs arrivent à la fenêtre, suivis des tourterelles ; finalement tous les oiseaux du ciel, sifflant et volant, s'abattent dans les

cendres. Et les pigeons commencèrent à picorer, pic, pic, pic, et les autres aussi ; pic, pic, pic, mettant toutes les bonnes graines dans le petit pot. Avant qu'une demi-heure ne fût écoulée, ils avaient déjà fini et reprenaient leur vol. La jeune fille porta la casserole à sa belle-mère, se réjouissant et croyant qu'elle pourrait aller à la fête. Mais la marâtre dit :
– Ce que tu as fait ne te servira à rien ; tu ne viendras pas parce que tu n'as pas de robe et que tu ne sais pas danser, tu nous ferais honte.
Elle lui tourna le dos et se hâta de se préparer avec ses deux filles orgueilleuses.
Quand tout le monde eut quitté la maison, Cendrillon s'en alla sur la tombe de sa mère, sous le noisetier, et dit :
– Cher petit arbre, secoue-toi, secoue-toi, jette de l'or et de l'argent sur moi.
L'oiseau lui lança une robe d'or et d'argent et des pantoufles tressées de soie et d'argent. Elle revêtit la robe en toute hâte et se rendit au château. Ses sœurs et sa belle-mère ne la reconnurent pas et s'imaginèrent qu'il s'agissait d'une princesse étrangère, tant elle était belle dans sa robe d'or. Elles ne pensaient pas du tout à Cendrillon et la croyaient assise dans la saleté, cherchant des lentilles dans la cendre. Le fils du roi vint à sa rencontre, la prit par la main et dansa avec elle. Il ne voulut danser avec personne d'autre, de sorte qu'il ne lâchait pas sa main. Quand quelqu'un voulait l'inviter, il disait :
– C'est ma cavalière.
Elle dansa jusqu'au soir. Quand elle voulut se retirer, le prince dit :
– Je vais avec toi, je t'accompagne.
Il voulait savoir qui était la jolie jeune fille. Elle se sauva et alla se cacher dans le pigeonnier. Le prince attendit qu'arrivât le père et lui dit que la jeune étrangère s'était réfugiée dans le pigeonnier. Le vieux se dit : « Serait-ce Cendrillon ? » Il se fit apporter une hache et une pioche pour démolir le pigeonnier, mais il n'y trouva personne.
Lorsqu'ils arrivèrent à la maison, Cendrillon, vêtue de ses habits sales, était couchée dans la cuisine. Une misérable lampe à huile brûlait sur la cheminée ; car Cendrillon avait vivement quitté le pigeonnier par-derrière et avait couru vers le noisetier. Elle avait retiré ses beaux habits, les avait déposés sur la tombe et l'oiseau les avait repris ; puis, dans ses vieux vêtements, elle était allée se coucher dans la cendre.
Le lendemain, comme la fête recommençait, et que les parents et les deux filles étaient de nouveau partis, Cendrillon s'en fut sous le noisetier et dit :

– Cher petit arbre, secoue-toi, secoue-toi, jette de l'or et de l'argent sur moi. Alors l'oiseau lui lança une robe encore bien plus belle que celle de la veille.

Lorsqu'elle arriva à la fête, chacun fut saisi d'admiration devant sa beauté. Le prince, qui l'avait attendue, la prit par la main et ne dansa qu'avec elle. Quand d'autres venaient pour l'inviter, il disait :

– C'est ma cavalière.

Quand le soir fut venu, elle voulut s'en aller. Le prince la suivit pour voir dans quelle maison elle irait. Mais elle s'enfuit dans le jardin, derrière la maison. Il s'y trouvait un grand arbre, magnifique, auquel pendaient des poires splendides. Elle grimpa dans ses branches, agile comme un écureuil, et le fils du roi se demanda où elle était passée. Il attendit que vint le père et lui dit :

– La jeune étrangère m'a échappé et je crois qu'elle a grimpé dans le poirier.

Le père pensa : « Serait-ce Cendrillon ? », il se fit apporter une hache et abattit l'arbre mais il n'y avait personne dessus. Et lorsqu'ils arrivèrent tous à la maison, Cendrillon était couchée dans la cendre, comme d'habitude, car elle avait sauté de l'autre côté de l'arbre, rendu ses beaux vêtements à l'oiseau du noisetier et revêtu son sarrau gris.

Le troisième jour, quand les parents et les deux filles furent partis, Cendrillon se dirigea de nouveau vers la tombe de sa mère et dit au noisetier :

– Cher petit arbre, secoue-toi, secoue-toi, jette de l'or et de l'argent sur moi.

Alors l'oiseau lui lança une robe plus merveilleuse et plus brillante que les autres, et les souliers étaient d'or massif. Lorsque ainsi vêtue elle arriva à la fête, tout le monde resta muet d'admiration. Le fils du roi ne dansa qu'avec elle et quand quelqu'un voulait l'inviter, il disait :

– C'est ma cavalière.

Quand le soir tomba, Cendrillon voulut s'en aller et le prince l'accompagner ; elle lui échappa avec tant de rapidité qu'il ne put la suivre. Mais il avaitr préparé un piège : il avait fait enduire l'escalier de poix. Lorsque la jeune fille s'y précipita, sa pantoufle gauche y resta collée. Le prince la ramassa : elle était petite, mignonne et tout en or. Le lendemain matin, il se rendit avec elle auprès de l'homme et lui dit :

– Personne d'autre ne sera ma femme qui ne puisse mettre cette pantoufle.

Les deux sœurs se réjouirent, car elles avaient de jolis pieds. L'aînée emporta la pantoufle dans sa chambre et voulut l'essayer ; et sa mère se tenait auprès d'elle. Mais, malgré tous ses efforts, elle ne put l'enfiler : la pantoufle était trop petite. La mère lui tendit un couteau et dit : « Coupe-toi les orteils ; lorsque tu seras reine, tu n'auras plus besoin de marcher. » La jeune fille coupa, enfonça son pied dans la pantoufle, avala sa douleur et se rendit auprès du prince. Il en fit sa fiancée, la plaça sur son cheval et partit au galop. Mais il leur fallait passer devant la tombe ; deux petits pigeons étaient perchés sur le noisetier. Ils crièrent :

> *Crou, crou, crou, crou,*
> *dans la pantoufle il y a du sang partout ;*
> *la pantoufle est bien trop petite,*
> *la vraie fiancée est encore au gîte.*

Le prince regarda les pieds de la jeune fille, vit que le sang coulait. Il fit faire demi-tour à son cheval, ramena la fausse fiancée chez elle, dit que ce n'était pas la bonne, que l'autre sœur devait essayer la pantoufle. Celle-ci alla dans sa chambre. Ses orteils entraient dans la pantoufle, mais le talon était trop gros. Sa mère lui tendit un couteau et dit :

– Coupe un morceau du talon. Lorsque tu seras reine, tu ne seras plus obligée de marcher.

La jeune fille coupa un morceau du talon, avala sa douleur et revint auprès du prince. Il en fit sa fiancée, la plaça sur son cheval et partit au galop. Comme ils passaient devant le noisetier, deux pigeons qui y étaient posés crièrent :

> *Crou, crou, crou, crou,*
> *dans la pantoufle il y a du sang partout ;*
> *la pantoufle est bien trop petite,*
> *la vraie fiancée est encore au gîte.*

Le prince regarda les pieds de la jeune fille, vit que du sang coulait de la pantoufle et que le bas blanc était devenu tout rouge. Il fit faire demi-tour à son cheval et ramena la fausse fiancée chez elle.

– Ce n'est pas la bonne non plus, dit-il ; n'avez-vous pas d'autre fille ?

– Non, dit l'homme, il n'y a qu'une vilaine petite Cendrillon, fille de ma première femme.

Le prince demanda qu'on la fît venir. Mais la mère répondit :

– Ah non, elle est bien trop sale ! On ne peut la montrer.

Malgré tout, le prince voulut la voir et il fallut faire venir Cendrillon. Elle se lava les mains et le visage, s'approcha et fit révérence devant le fils du roi qui lui tendit la pantoufle d'or. Elle s'assit

sur un tabouret, retira son pied du noir sabot et enfila la pantoufle :
c'était comme si elle avait été faite sur mesure ! Lorsqu'elle se releva
et que le prince la regarda dans les yeux, il reconnut la jolie fille qui
avait dansé avec lui et il s'écria :
– Voilà ma vraie fiancée !
La marâtre et ses deux filles avaient peur ; elles devinrent blêmes de
colère ; mais le prince prit Cendrillon sur son cheval et partit au
galop. Les noces furent bientôt célébrées.

Jocob et Wilhelm, Grimm, *Cendrillon*, 1812.

–2

Il y avait une fois des gens riches, des seigneurs, et qui avaient trois
filles. Il y en avait deux qui étaient fières, fières ! Et puis, la troisième, bonnes gens, était méprisée, elle ne s'émouvait pas [ne s'amu-
sait pas] comme les autres, et elle restait toujours une partie dans le
coin du feu, et on l'avait baptisée « la Cendrouse ». Quand les deux
aînées allaient se promener, elles demandaient à la Cendrouse :
« Allons, Cendrouse, tu ne veux pas venir avec nous autres te pro-
mener ?
– Ah non ! Je ne veux pas y aller de fait [bien sûr] !
– Ah, Cendrouse ! Tu ne seras toujours qu'une Cendrouse, va !
Toujours gratter les cendres ! Toujours rester dans le coin du feu ! »
Le papa s'en va à une foire, bien loin. Il demande à ses filles :
« Allons, mes filles ! Que voulez-vous que je vous apporte ? »
Voilà l'aînée qui dit :
« Ah ! Papa ! Vous m'apporterez une belle robe, ce que vous pour-
rez trouver de plus beau, d'une telle couleur. »
Et l'autre de même.
« Eh bien ! Et toi Cendrouse, qu'est-ce que je t'apporterai ?
– Ah ! Papa ! Une noisette, si vous voulez !
– Ah ! frugale [sobre] ! Tu aimes bien mieux avoir quelque chose
pour manger que d'avoir une belle robe, pas vrai, toi ? Ah ! Que tu
as de malheur ! Ah ! pauvre Cendrouse ! »
Voilà que le papa leur apporte bien ce qu'elles lui avaient demandé. Il
apporte deux jolies robes à ses deux filles, qui étaient fières, tout à fait ce
qu'il y avait de plus beau ; et il apporta une noisette pour la Cendrouse.
Le dimanche vint. Voilà les deux filles qui s'habillent dans leurs
beaux habits en disant à la Cendrouse :

« Tu ne veux pas venir, toi, à la messe, hein ? Ah ! Cendrouse ! »
Et elles partirent à la messe.

Voilà bien vite ma Cendrouse qui ouvre sa noisette. Elle trouva une belle voiture, bien attelée, deux fameux chevaux, un cocher, et des habits là qui étaient quatre fois plus beaux que ceux de ses sœurs. Et la voilà bien vite qui s'habille, qui monte dans sa voiture, et elle arrive encore aussi tôt à la messe que ses sœurs. Et, quand ils virent arriver cette voiture, tout le monde était occupé de regarder.

« À qui qu'ol [elle] est cette voiture ? À qui qu'ol est cette voiture ? » Ah !
Elle entre à la messe.

Quand la messe fut finie, elle monte dans sa voiture, et « touche, cocher ! ». Ah ! elle fut tantôt rendue [bientôt arrivée] ! Et personne ne pouvait s'imaginer qui était cette belle demoiselle.

Quand ses sœurs furent rendues, elles dirent à la Cendrouse, qui était dans le coin de son feu :

« Ah ! ma pauvre Cendrouse ! Si tu étais venue à la messe, tu aurais vu la plus belle demoiselle, que personne la connaît, que personne en a vu une plus belle dans le monde ! Un cocher, deux chevaux, ah !

– Oh ! Qu'elle soit tant belle qu'elle voudra, elle n'est pas plus belle que moi !

– Hein ! Cendrouse, qu'est-ce que tu dis là ? Elle n'est pas plus belle que toi ? Ah, mon Dieu ! Qu'est-ce que tu dis là ? »

Allons, l'autre dimanche vint. Il fallut encore aller à la messe.

« Allons ! qu'elles dirent encore à la Cendrouse avant de partir, allons, Cendrouse ! Tu ne veux pas venir à la messe, aneu [aujourd'hui], voir cette demoiselle ? Elle y sera peut-être encore. Une si jolie voiture !

– Ah ! je ne veux pas y aller, non ! qu'elle dit.

– Ah ! Tu aimes mieux gratter tes cendres, pardié ! »

Et d'abord qu'[aussitôt qu']elles furent parties, elle ouvre sa noisette et s'habille. Elle monte en voiture ; elle fut encore si tôt rendue comme ses sœurs.

Et revoilà encore tout le monde à regarder, et à dire : « Qui qu'a peut être ? Qui qu'a peut être ? [Qui peut-elle être ?] Une si jolie voiture, si jolie et que personne la connaît ! »

Quand la messe fut dite, elle sort et elle monte dans sa voiture. En montant dans sa voiture, elle laissa tomber une de ses pantoufles.

Et précisément, c'est le fils du roi qui la ramassa, sans que personne s'en aperçût. Et le voilà, après, qui dit :

« Ah ! voilà une jolie pantoufle ! Celle-là, à qui elle ira, qu'elle chaussera bien, ça sera ma femme ! Je l'épouserai. »

Ah, mon Dieu ! Si vous aviez vu toutes ces princesses, toutes sortes d'espèces de demoiselles, à se rendre là et essayer la pantoufle, et essayer ! La pantoufle ne chaussait point aucun pied, rien du tout, elle n'allait pas à aucune.

« Ah, Cendrouse ! Quand elles furent rendues. Elle y était bien encore, cette belle demoiselle. Va, si t'avais venu(e), tu l'aurais vue ; va, je t'assure que c'est une belle demoiselle !

– Qu'elle soit tant belle qu'elle voudra ! Elle n'est pas plus belle que moi. »

Allons, ce fut remis au dimanche d'après pour essayer encore cette pantoufle. Toutes les princesses de tous pays, elles venaient pour essayer cette pantoufle. Et la Cendrouse s'y rend aussi tout chapetit [doucement], point montée dans sa voiture, cette fois, toute Cendrouse, pardié !

Voilà toutes les princesses après avoir essayé cette pantoufle, elle n'allait point à aucun pied. Ma Cendrouse s'approche, essaie cette pantoufle, enfin, elle était comme moulée à son pied ! Elle lui allait ! Et puis, comme il avait dit que celle-là à qui elle irait, ça serait son épouse, les voilà toutes à se regarder, ces princesses et le tout :

« Ah, mon Dieu ! Le fils du roi se mariera avec la Cendrouse ! Le fils du roi se mariera avec la Cendrouse ! »

Voilà ma Cendrouse qui ouvre sa noisette, et elle présenta cette belle voiture ! Elle s'habilla, qu'il n'y avait point de princesse si belle comme elle était, bien sûr ! Et puis, elle monta dans sa voiture avec le fils du roi, et les voilà partis ! Ainsi la Cendrouse était beaucoup plus belle que ses sœurs après !

La Cendrouse, version poitevine de *Cendrillon*,
recueillie par Paul Delarue (*Le Conte populaire français*, 1957).

Questions

• Relevez tous les noms qui sont donnés à l'héroïne dans ces deux contes et celui de Perrault. Analysez leurs connotations et comparez-les.

• Dans un tableau à trois colonnes, faites le schéma actantiel de chacun des trois contes. Quels personnages sont constants ? Quels personnages changent d'un conte à l'autre ?

• Comparez le deroulement du récit, étape par étape, dans chacun des trois contes. Relevez les motifs qui permettent de distinguer chacun des contes des deux autres.

• Formulez en quelques lignes la moralité (ou les moralités) qu'on peut tirer de chacun des trois contes. Ces moralités vous paraissent-elles semblables ? Par quoi se distinguent-elles ?

• De ces trois versions, laquelle vous paraît être la plus populaire ? Relevez des éléments précis pour justifier votre réponse.

Images du Loup

• *Le Roman de Renart*.
• La Fontaine, *Fables* : « Le Loup et le Chien ».

—1
_____

C'était un peu avant Noël, à l'époque où on sale les jambons. Le ciel était clair et plein d'étoiles, et le vivier où devait pêcher Ysengrin[1] était gelé au point qu'on pouvait marcher dessus, à l'exception d'un trou qu'y avaient fait des vilains pour mener boire leurs troupeaux chaque soir. Ils y avaient laissé un seau. Renart vint par là tout joyeux, et regarda son compère : « Seigneur, lui dit-il, approchez-vous. Voici ce qui nous procure beaucoup de poissons, l'outil avec lequel nous pêchons les anguilles et les barbues, et d'autres poissons bons et beaux. » Ysengrin répond : « Frère Renart, prenez-le et attachez-le bien à ma queue ! » Renart le prend et noue sa queue autour au mieux qu'il peut. « Frère, dit-il, il faut que vous vous teniez bien tranquille pour faire venir les poissons. » Alors il s'installe près d'un buisson, le museau entre ses pattes, pour voir ce que l'autre fera. Et Ysengrin est sur la glace. Le seau est enfoncé dans le trou, rempli de belle manière de glaçons. L'eau commence à geler et à enfermer le seau qui est noué à la queue. Le loup croit bien pouvoir se relever et tirer le seau à lui. Il s'y essaie de toutes manières, il ne sait quoi faire, il s'inquiète. Il commence à appeler Renart, étant donné qu'il ne peut plus se dissimuler, car l'aube est déjà toute proche.

1.Ysengrin est le nom du loup.

Renart a levé la tête ; il regarde autour de lui, il ouvre les yeux. « Frère, dit-il, arrêtez-vous là ! Allons-nous-en, beau doux ami ! Nous avons pris assez de poissons. »

Et Ysengrin lui crie : « Renart, il y en a trop. J'en ai tant pris que je ne sais quoi faire. » Et Renart commença à rire, et lui a dit ouvertement : « Celui qui convoite tout perd tout. »

La nuit s'achève, l'aube est là, le soleil du matin se lève. Les chemins étaient tout blancs de neige. Et messire Constant des Granges, un vavasseur bien à son aise, qui logeait sur la rive de l'étang, était levé, ainsi que sa maisonnée, qui était pleine de joie et de gaieté. Il a pris un cor, appelle ses chiens et commande qu'on selle son cheval ; il crie et excite sa maisonnée. Et Renart l'entend, il s'enfuit, si loin qu'il se réfugie dans sa tanière. Et Ysengrin reste dans une mauvaise situation ; il fait de gros efforts et tire et retire encore ; peu s'en faut qu'il ne déchire sa peau. S'il veut partir d'ici, il faut qu'il laisse la queue sur place.

Pendant qu'Ysengrin fait des efforts pour se libérer, voilà un serviteur qui arrive au pas de course, tenant deux lévriers en laisse. Il voit Ysengrin (il se dirigeait vers lui) sur la glace, tout gelé, avec sa tête pelée. Il le regarde et puis s'écrie : « Ha ! Ha ! Le loup ! À l'aide ! À l'aide ! » En l'entendant, les chasseurs sortirent de la maison par une barrière avec tous les chiens. Voilà Ysengrin en mauvaise posture, car sire Constant vient à la suite, à grande allure sur son cheval en criant : « À terre ! Laissez, laissez donc les chiens aller ! » Les rabatteurs détachent les chiens et ceux-ci se mettent sur la piste du loup. Et Ysengrin se hérisse fort. Les chasseurs encouragent les chiens, et les poussent énergiquement. Et Ysengrin se défend bien, il les mord à belles dents : que peut-il faire de mieux ? Il préférerait nettement avoir la paix. Sire Constant a tiré l'épée, il s'approche de lui pour le frapper. Il descend sur place et vient au loup sur la glace. Il l'attaque par-derrière ; il veut le frapper, mais il l'a manqué. Le coup est tombé en travers, et sire Constant est tombé à la renverse, si durement que sa tête saigne. Il se rélève avec peine. Plein de colère il va l'attaquer. Écoutez maintenant le récit d'un fier combat.

Il crut le frapper sur la tête, mais le coup dévie, et l'épée descend sur la queue ; elle l'a coupée à ras du derrière ; elle n'a pas manqué son coup, et Ysengrin qui l'a senti se dégage d'un saut de côté, puis s'en va en mordant l'un après l'autre les chiens qui lui courent aux fesses.

Mais la queue reste en gage, ce dont il est très dolent et très affligé ; peu s'en faut que son cœur n'éclate de douleur. Il ne peut rien faire de plus, il s'enfuit jusqu'à ce qu'il arrive à un tertre. Les chiens le mordent souvent, et il se défend bien. Une fois au sommet du tertre, les chiens sont las et recrus. Ysengrin ne tarde pas, il s'enfuit ; il se repère, et file dans le bois à grande allure. Il rentre chez lui et il dit et jure qu'il se vengera de Renart, et ne l'aimera jamais.

Le Roman de Renart (fin du XIIe siècle),
traduction d'Anne Berthelot, © Nathan.

2

Un Loup n'avait que les os et la peau ;
Tant les Chiens faisaient bonne garde.
Ce Loup rencontre un Dogue aussi puissant que beau,
Gras, poli, qui s'était fourvoyé par mégarde.
L'attaquer, le mettre en quartiers,
Sire Loup l'eût fait volontiers.
Mais il fallait livrer bataille,
Et le Mâtin était de taille
À se défendre hardiment.
Le Loup donc l'aborde humblement,
Entre en propos, et lui fait compliment
Sur son embonpoint, qu'il admire.
Il ne tiendra qu'à vous, beau Sire,
D'être aussi gras que moi, lui repartit le Chien.
Quittez les bois, vous ferez bien :
Vos pareils y sont misérables,
Cancres, haires, et pauvres diables,
Dont la condition est de mourir de faim.
Car quoi ? Rien d'assuré : point de franche lippée :
Tout à la pointe de l'épée.
Suivez-moi : vous aurez un bien meilleur destin.
Le Loup reprit : Que me faudra-t-il faire ?
Presque rien, dit le Chien, donner la chasse aux gens
Portants bâtons, et mendiants ;
Flatter ceux du logis, à son Maître complaire ;
Moyennant quoi votre salaire

Sera force reliefs de toutes les façons :
        Os de poulets, os de pigeons :
        Sans parler de mainte caresse.
Le Loup déjà se forge une félicité
        Qui le fait pleurer de tendresse.
Chemin faisant, il vit le col du Chien pelé.
Qu'est-ce là ? lui dit-il. – Rien. – Quoi ? rien ? – Peu de chose.
– Mais encor ? – Le collier dont je suis attaché
De ce que vous voyez est peut-être la cause.
– Attaché ? dit le loup : vous ne courez donc pas
Où vous voulez ? – Pas toujours, mais qu'importe ?
– Il importe si bien, que de tous vos repas
        Je ne veux en aucune sorte,
Et ne voudrais pas même à ce prix un trésor.
Cela dit, maître Loup s'enfuit, et court encor.

        Jean de la Fontaine, « Le Loup et le Chien », *Fables*, I, 5.

Questions

• Relevez, dans *Le Petit Chaperon rouge* et ces deux textes, tous les traits, physiques et moraux, qui décrivent le loup. Dans quel cas s'agit-il d'un personnage positif, dans quel cas d'un personnage négatif ?

• Si l'on suppose que le loup représente un symbole, essayez de dire, pour chacun de ces trois textes, de quel symbole il s'agit.

Les *Contes* de Perrault aux XVIIe et XVIIIe siècles

Les *Contes* de Perrault ont rencontré immédiatement, lors de leur parution, un succès très important, comme en témoigne ce dialogue publié dans *Le Mercure Galant*, dans son numéro d'août 1696 :

« Avez-vous lu *La Belle au bois dorman*t ?
– Si je l'ai lu ? s'écria la petite marquise. Je l'ai lu quatre fois et ce petit conte m'a raccommodée avec *Le Mercure galant* où j'ai été ravie de le trouver. Je n'ai encore rien vu de mieux narré ; un tour fin et délicat, des expressions toutes naïves ; mais je n'en suis point étonnée quand on m'a dit le nom de l'auteur. Il est fils de Maître et s'il n'avait pas bien de l'esprit, il faudrait qu'on l'ait changé en nourrice. »

Parmi les auteurs de contes de fées de la fin du XVIIe siècle, Perrault est sans doute celui dont le style se rapproche le plus de la naïveté rurale qu'on prête aux contes :

« Les meilleurs contes que nous ayons sont ceux qui imitent le plus le style et la simplicité des nourrices et c'est pour cette seule raison que je vous ai vu assez content de ceux que l'on attribue au fils d'un célèbre académicien. »

Abbé de Villiers, Entretiens sur les contes de fées.

On ne peut cependant pas détacher leur parution du contexte de la querelle des Anciens et des Modernes (voir p. 15). Mettant à l'honneur une littérature orale et populaire, Perrault s'est attiré l'inimitié des Anciens. Ainsi, les *Contes* ont reçu de nombreuses critiques, comme celles de Boileau ou du poète Gacon :

La Belle au bois dormant . *Illustration d'Arthur Rackham.*
pour les Éditions Heinmann. Londres, 1920.

« Si du parfait ennuyeux
Tu veux trouver le modèle,
Ne cherche pas dans les cieux
D'astre au soleil préférable
Ni dans la foule innombrable
De tant d'écrivains divers,
Chez Coignard rongé des vers,
Un poète comparable
À l'auteur inimitable
De Peau d'Âne mis en vers. »

Boileau, *Épigrammes* (XXV).

« Le jeune Perrault d'Armancour
Vient de mettre un sot livre au jour
Et s'il continue, on espère
Qu'avant qu'il soit fort peu de temps
Il ira plus loin que le Père
Dans le chemin du mauvais sens. »

Gacon.

Car le conte fait partie, aux yeux des Anciens, de ces genres littéraires peu sérieux, voire dangereux, que sont le roman, la nouvelle, le conte. Fontenelle lui-même, qui avait une grande admiration pour les prises de positions de Perrault en faveur des Modernes, est assez dédaigneux des *Contes* dans ses éloges sur les académiciens morts depuis 1700 : « Nous ne parlerons point de quelques ouvrages de Perrault, moins considérables que les deux qui ont fait le plus parler de lui et troublé son repos. » (Il s'agit du *Siècle de Louis XIV* et du *Parallèle des Anciens et de Modernes*).

Dans la préface de la quatrième édition des *Contes*, Perrault défend la valeur morale et littéraire de ses contes, et la portée éducative qu'ils ont pour des enfants :

« Quelques personnes qui affectent de paraître graves, et qui ont assez d'esprit pour voir que ce sont des contes faits à plaisir, et que la matière n'en est pas fort importante, les ont regardés avec mépris ; mais on a eu la satisfaction de voir que les gens de bon goût n'en ont pas jugé de la sorte. Ils ont été bien aises de remarquer que ces bagatelles n'étaient pas de pures bagatelles, qu'elles renfermaient une morale utile et que le récit enjoué dont elles étaient enveloppées n'avait été choisi que pour les faire entrer plus agréablement dans l'esprit et d'une manière qui instruisît et qui divertît tout ensemble. »

« Quelque frivoles et bizarres que soient toutes ces fables dans leurs aventures, il est certain qu'elles excitent dans les enfants le désir de ressembler à ceux qu'ils voient devenir heureux, et en même temps la crainte des malheurs où les méchants sont tombés par leur méchanceté. N'est-il pas louable à des pères et à des mères, lorsque leurs enfants ne sont pas encore capables de goûter les vérités solides et dénuées de tous agréments, de les leur faire aimer, et si cela se peut dire, les leur faire avaler, en les enveloppant dans des récits agréables et proportionnés à la faiblesse de leur âge ? Il n'est pas croyable avec quelle avidité ces âmes innocentes, et dont rien n'a encore corrompu la droiture naturelle, reçoivent ces instructions cachées ; on les voit dans la tristesse et dans l'abattement, tant que le héros et l'héroïne du conte sont dans le malheur, et s'écrier de joie quand le temps de leur bonheur arrive ; de même qu'après avoir souffert impatiemment la prospérité du méchant et de la méchante, ils sont ravis de les voir enfin punis comme ils le méritent. Ce sont des semences qu'on jette qui ne produisent d'abord que des mouvements de joie et de tristesse, mais dont il ne manque guère d'éclore de bonnes inclinations. »

Charles Perrault,
Préface à la quatrième édition des *Contes*.

Assez vite, la mode des contes de fées favorise la parution des *Mille et Une Nuits*, traduction de contes indiens et arabes par Antoine Galland, un orientaliste de renom. D'autres recueils de contes de fées sont publiés au XVIIIe siècle, parmi lesquels on peut citer le célèbre conte de *La Belle et la Bête*, par madame Leprince de Beaumont. L'œuvre de Perrault n'est plus spécialement distinguée parmi les nombreux recueils de contes de fées que le public a à sa disposition.

Le XIXᵉ siècle et la découverte de la littérature populaire

C'est d'Allemagne, avec le romantisme, que la connaissance des contes populaires va connaître un nouvel essor. Les frères Grimm, spécialistes de littérature médiévale allemande, entreprennent, à partir de 1806, un travail de collecte de contes populaires. Le premier recueil est publié en 1812, sous le titre de *Kinder und Hausmärchen*. Six autres recueils seront publiés jusqu'en 1857.

À l'inverse de Perrault, qui mettait en avant la valeur éducative des contes, les frères Grimm se proposent d'être les scribes de la tradition populaire. Il s'agit pour eux de sauver, en les transcrivant de la manière la plus fidèle possible, ces témoignages de la culture populaire allemande que sont les contes. Pour cela, ils font appel à des conteuses qu'ils présentent comme étant issues de milieux populaires, en particulier Dorothea Viehman, paysanne de la région du Zwehrn :

« Elle raconte d'une façon réfléchie, sûre et extrêmement vivante, en prenant elle-même plaisir à l'histoire, d'abord d'une façon courante, puis, si on le désire, en répétant lentement, si bien qu'avec quelque entraînement on peut écrire sous sa dictée. Plus d'un passage a été de cette façon textuellement conservé et on ne pourra pas ne pas en remarquer le ton de vérité. »

Cette transcription qui se voulait aussi impersonnelle, aussi fidèle que possible à la tradition orale, tranche avec le caractère travaillé, parfois presque précieux, des *Contes* de Perrault. Une telle méthode ouvre la voie à ce que seront les travaux des folkloristes sur les contes de fées, au XIXᵉ et au XXᵉ siècle.

Les travaux des folkloristes

C'est donc au XIXᵉ siècle et au début du XXᵉ siècle que, à la suite du travail de collecte des Grimm, différents chercheurs, linguistes, ethnologues, se livrent à des collectes systématiques et scientifiques de contes populaires. Le matériau recueilli est énorme, en France comme à l'étranger. En 1910, le Finnois Antti Aarne définit la notion de « conte type » : organisation de motifs suffisamment stable pour s'inscrire dans des récits divers, schéma narratif privilégié avec insistance par les conteurs, « ornière traditionnelle », et publie un premier essai de catalogue systématique du conte populaire. En 1928, l'Américain Stith Thompson complète le catalogue de Aarne.

Ce recensement des contes types a donné lieu à la classification internationale Aarne-Thompson, catalogue systématique de tous les contes populaires dans le monde. Cette classification a été adoptée par la plupart des chercheurs ultérieurs. Les 2 340 contes types recensés ont été classés en quatre grands ensembles : contes proprement dits (incluant les contes merveilleux et religieux), contes d'animaux, contes facétieux, contes à formule.

Cette approche scientifique du phénomène des contes a permis de corriger l'idée qu'on avait eu des *Contes* de Perrault. Certes, son travail sur le style est important, il a utilisé des contes populaires pour en faire des textes qui s'apparentent aux fables, mais on s'est aperçu que ses *Contes* n'étaient, au total, pas moins fidèles à leurs origines folkloriques que les contes collectés par les frères Grimm.

Approches modernes des contes merveilleux

La critique littéraire de la seconde moitié du XXe siècle s'est abondamment inspirée des progrès des sciences humaines (histoire, linguistique, ethnologie, etc). Mais c'est la psychanalyse qui a apporté le regard le plus neuf sur les contes de fées, comme elle l'a fait pour les mythes. Marc Soriano, auteur d'une étude approfondie sur les *Contes* de Perrault, analyse avec méthode la fameuse question de la paternité des *Contes*, attribués à Perrault et à son fils, Pierre d'Armancour :

« Les *Histoires du temps passé* sont l'expression d'une "équation personnelle" qui a conduit à l'appropriation des contes collectés par Pierre d'Armancour, fils de l'académicien, et à transformer la tradition populaire en détournant vers l'enfant la mode des contes littéraires en vogue dans les salons. Dans cette entreprise, le défenseur des Modernes soulevait le poids d'une tutelle familiale imposée par le souvenir (conscient ou non) d'un jumeau mort devenu son double fantastique pétrifiant ; il dépassait ainsi cette situation de conflit et d'aliénation et prenait sa revanche de cadet mythique en formant un nouveau couple gémellaire avec son propre fils. »

Marc Soriano, *Les Contes de Perrault,*
culture savante et traditions populaires,
Paris, Gallimard, « Tel », 1968.

Dans une tout autre perspective, le psychiatre américain Bruno Bettelheim a réalisé une étude du rôle inconscient que jouent les contes de fées dans le développement psychologique de l'enfant. Destinés à lui faire vivre par procuration les conflits psychiques qui jalonnent son développement, les contes lui évitent de vivre ces conflits de façon trop directe et trop brutale. Dans cette perspective, Bettelheim se montre très critique vis-à-vis de Perrault, à qui il reproche d'avoir dénaturé les contes populaires, notamment en leur adjoignant une moralité trop explicite.

« *Le Petit Chaperon Rouge* de Perrault perd beaucoup de son charme parce qu'il est trop évident que le loup du conte n'est pas un animal carnassier, mais une métaphore qui ne laisse pas grand-chose à l'imagination de l'auditeur. Cet excès de simplification, joint à une moralité exprimée sans ambages, fait de cette histoire, qui aurait pu être un véritable conte de fées, un conte de mise en garde qui énonce absolument tout. L'imagination de l'auditeur ne peut donc pas s'employer à lui trouver un sens personnel. [...]
On supprime toute la valeur du conte de fées si on précise à l'enfant le sens qu'il doit avoir pour lui. Perrault fait pire que cela : il assène ses arguments. Le bon conte de fées a des significations sur différents niveaux ; seul l'enfant peut connaître la signification qui peut lui apporter quelque chose sur le moment. Plus tard, en grandis-

sant, il découvre d'autres aspects des contes qu'il connaît bien et en tire la conviction que sa faculté de comprendre a mûri, puisque les mêmes contes prennent plus de sens pour lui. Cela ne peut se produire que si l'on n'a pas dit à l'enfant, d'une façon didactique, ce que l'histoire est censée signifier. En découvrant lui-même le sens caché des contes, l'enfant crée quelque chose, au lieu de subir une influence. »

Bruno Bettelheim, *Psychanalyse des contes de fées*,
Paris, © Robert Laffont, 1976.

LE

PETIT CHAPERON

ROUGE.

CONTE.

 L eſtoit une fois
une petite fille de
Village , la plus

Le Petit Chaperon rouge.
Édition de 1797.

Lexique

Aide

L'aide ou les aides, qu'on appelle aussi *auxiliaires* ou *adjuvants*, sont les personnages, objets ou circonstances qui aident le héros dans l'épreuve qu'il doit subir ou pour atteindre l'objectif qui lui a été fixé. Les cailloux ou les bottes de sept lieues sont des aides pour le Petit Poucet. Les dons (dans *La Belle au bois dormant* ou dans *Riquet à la houppe*) sont des aides.

Destinataire

Personnage qui tire un bénéfice de l'action accomplie par le sujet. La grand-mère, dans *Le Petit Chaperon rouge*, est le destinataire de l'action.

Destinateur

Personnage qui donne au héros une action ou une mission à accomplir. C'est le cas de la mère dans *Le Petit Chaperon rouge*.

Élément modificateur ou perturbateur

Fait qui rompt la situation d'équilibre initial et qui entraîne une action. Par exemple, la mort du meunier dans *Le Chat botté* laisse le dernier de ses fils sans aucun bien. Il doit donc réagir s'il ne veut pas mourir de faim. Il s'agit d'un élément perturbateur.

Épisode ou Étape

Un conte peut être divisé en étapes qui sont autant de moments successifs de l'action. Leur enchaînement conduit de la situation initiale à la situation finale du conte. Dans *Le Petit Chaperon rouge*, la rencontre du Loup est une étape du Petit Chaperon rouge. L'arrivée du Loup chez la mère-grand en est une autre. La scène des dons dans *La Belle au bois dormant* est une des étapes de ce conte.

Épreuve

Dans la plupart des contes, le héros est soumis à une ou plusieurs épreuves. Par exemple, dans *Les Fées*, la vieille femme fait subir une épreuve à la fille cadette en lui demandant à boire. La jeune fille se soumet à l'épreuve, montrant ainsi sa compassion et sa bonté, et elle en est récompensée.

Étrange

Dans tout type de récit, on emploiera ce terme pour qualifier des événements extraordinaires mais qu'on peut expliquer par une cause réelle et rationnelle.

Fantastique

Se dit des textes où des événements qui demeurent inexpliqués sans qu'on puisse absolument conclure qu'ils sont surnaturels, ni qu'ils sont naturels. Le doute est la marque du fantastique.

Folklore

Ensemble des coutumes, des traditions, des pratiques sociales et culturelles d'un pays ou d'une région. Les contes appartiennent à l'origine au folklore, mais certains d'entre eux ont été empruntés par des écrivains qui les ont transposés à l'écrit en les adaptant au goût d'un public cultivé. C'est le cas des *Contes* de Perrault.

Formulette

Courte formule utilisée dans le conte, par le narrateur ou par un personnage, et qui remplit à peu près la fonction d'un refrain : « Vous serez tous hachés menu comme chair à pâté », dans *Le Chat botté*, est une formulette.

Incipit

Premiers mots d'un récit, roman, nouvelle ou conte. L'incipit des contes, appelé aussi *formule initiale*, est généralement constitué par la célèbre formule « Il était une fois ».

Merveilleux

Se dit des récits dont les événements ne peuvent pas s'expliquer par les lois du monde réel. Par exemple, les fées, les bottes de sept lieues, les dons, le sommeil de cent ans, appartiennent au registre du merveilleux.

Moralité

Formule conclusive d'une fable ou d'un conte, qui exprime l'enseignement moral qu'on peut en tirer. Les moralités des *Contes* de Perrault sont en vers, et la plupart du temps au nombre de deux.

Objet

Le sujet du conte doit accomplir une mission. Le but de cette mission, ce que le sujet cherche à obtenir, est appelé objet de la mission. Dans *Cendrillon*, le sujet est Cendrillon, l'objet de sa mission est d'échapper à sa condition malheureuse en se mariant avec le prince.

Opposant

Personnage ou groupe de personnages, ou encore idée ou objet qui s'opposent au sujet dans l'accomplissement de sa quête ou de sa mission. Par exemple, de *Riquet à la houppe*, la laideur du héros est un opposant à sa quête du bonheur conjugal.

Populaire

Qui émane du peuple, qui appartient au peuple. Le conte est un genre oral et populaire.

Schéma actantiel

Faire le schéma actantiel d'un conte consiste à analyser les relations entre les actants du conte : il s'agit de déterminer qui sont le destinateur, le sujet, le destinataire, l'objet, les opposants et les adjuvants.

Situation finale

Situation à laquelle aboutit l'enchaînement des épisodes du conte. La situation finale du *Chat botté* est que le fils du meunier s'est marié avec la fille du roi, est devenu l'héritier du royaume et que son chat ne court plus après les souris « que pour se divertir ».

Situation initiale

Situation de départ du conte. Dans *Cendrillon*, la situation initiale est que l'héroïne (Cendrillon) est méprisée par sa belle-mère et ses sœurs et traitée comme une servante.

Sujet

Personnage du conte à qui est confiée une mission à acccomplir et dont la situation est transformée au cours du conte. Le sujet est généralement le personnage principal, mais pas toujours. Par exemple, dans *Le Chat botté*, le personnage principal est plutôt le Chat, alors que le sujet est son jeune maître, le fils du meunier. Le Chat a la fonction d'adjuvant.

Surnaturel

Ce qui n'existe pas dans la nature, par exemple un tapis volant. Dans l'univers du conte, *surnaturel* est quasiment synonyme de *merveilleux*.

Suspense

Moment du récit où le lecteur attend avec impatience, parfois avec angoisse, de savoir quelle va être la suite des événements. Par exemple, le moment où l'héroïne de *La Barbe bleue* se prépare à mourir tout en espérant la venue de ses frères est un moment de suspense.

Tradition orale

Ensemble de récits, de coutumes, de connaissances qui se transmettent de façon orale, de génération en génération. À l'origine, les contes appartiennent à la tradition orale, mais grâce à des auteurs comme Perrault, certains contes sont entrés dans le registre de la culture écrite.

Variante

Épisode ou élément d'un conte qui diffère d'une version à une autre. Par exemple, dans la version des frères Grimm du *Petit Chaperon rouge*, la grand-mère et le Petit Chaperon rouge sont sauvées par un chasseur qui découpe le ventre du loup. Il s'agit donc d'une variante par rapport à la version de Perrault.

BIBLIOGRAPHIE
FILMOGRAPHIE

Bibliographie

BARCHILON (Jacques), *Le Conte merveilleux français de 1690 à 1790*, Paris, Champion, 1975.

BETTELHEIM (Bruno), *Psychanalyse des contes de fées*, Paris, Robert Laffont, 1976, et Hachette, Livre de Poche, collection « Pluriel ». Livre consacré aux contes de fées en général (Grimm, Andersen, *Contes des Mille et Une Nuits*) et pas uniquement aux contes de Perrault.

FRANZ (M.-L. von), *L'Interprétation des contes de fées*, Paris, éditions Jacqueline Renard, 1990 (1re édition 1970).

PEJU (Pierre), *La Petite Fille dans la forêt des contes*, Paris, Robert Laffont, collection « Réponses », 1981.

PEJU (Pierre), *L'Archipel des contes*, Paris, Aubier, 1989.

PROPP (Vladimir), *Morphologie du conte*, Paris, Le Seuil, collection « Point », 1970.

ROBERT (Raymonde), *Le Conte de fées littéraire en France de la fin du XVIIe à la fin du XVIIIe siècle*, Presses Universitaires de Nancy, 1982.

SIMONSEN (Michèle), *Le Conte populaire français*, Paris, PUF, collection « Que sais-je ? », 1981.

SIMONSEN (Michèle), *Perrault, Contes,* Paris, PUF, collection « Études littéraires », 1992.

SORIANO (Marc), *Les Contes de Perrault, culture savante et traditions populaires*, Paris, Gallimard, collection « Tel », 1968.

Filmographie

De très nombreuses adaptations des contes de Perrault ont vu le jour au cinéma. On se bornera à citer ici :

– les versions qu'ont données les studios Disney de *Cendrillon* et de *La Belle au bois dormant* ;

– l'adaptation par Jacques Demy de *Peau d'Âne*, conte en vers de Charles Perrault (c'est la raison pour laquelle il ne se trouve pas dans ce recueil, qui comporte seulement les contes en prose). Catherine Deneuve y joue le rôle de Peau d'Âne, Jean Marais le rôle du roi, Delphine Seyrig le rôle de la marraine de Peau d'Âne.

CRÉDIT PHOTO : p. 7 Coll.Archives Larbor/T • p. 28 et reprise page 8 : Ph.© ND.Viollet/T • p. 30 Ph.©
J.L.Charmet/T • p. 46 Ph.© E.Palix/T • p. 52 Ph.© E.Palix/T • p. 62 Ph.© J.L.Charmet/T • p. 70 Ph.© J.L.Charmet/T
• p. 76 Ph.© Roger Viollet-Coll.Viollet/T • p. 88 Ph.© J.L.Charmet/T • p. 100 Ph.© J.L.Charmet/T • p. 108 Ph.©
J.L.Charmet/T • p. 112 Coll.Archives Larbor/T • p. 147 Ph.© DR/T • p. 154 Coll.Archives Larbor/T.

Direction de la collection : Carine GIRAC-MARINIER
Direction artistique : Uli MEINDL
Dessin de couverture : Alain BOYER
Responsable de la fabrication : Marlène DELBEKEN

Compogravure : P.P.C. – Impression : La Tipografica Varese Srl (Italie)
Dépôt légal : Janvier 2009 – 302908/06 – N° de projet : 11034380 – Novembre 2016